# 秦始皇传

徐苑琳◎著

中国纺织出版社有限公司

## 内 容 提 要

他完成了统一六国的宏图伟业，建立起了中央集权的统一国家。他修建了万里长城，留下了兵马俑。他纵横捭阖，叱咤风云，但又横征暴敛、浮华奢侈，耗尽无数人的心血，后人对他的功过是非褒贬不一。他拥有传奇的一生，被称为“千古一帝”，他就是秦始皇。

本书是一本传记，以秦始皇的一生为时间轴，运用鲜活有趣的语言、故事串联的形式，将秦始皇生平轨迹生动地展现出来。本书趣味性强，读史使人明智，希望广大读者朋友们都能从中受益。

**图书在版编目（CIP）数据**

秦始皇传 / 徐苑琳著. -- 北京：中国纺织出版社有限公司，2022.6（2025.3重印）
ISBN 978-7-5180-9353-3

Ⅰ. ①秦… Ⅱ. ①徐… Ⅲ. ①秦始皇（前259-前210）—传记 Ⅳ. ①K827=33

中国版本图书馆CIP数据核字（2022）第027641号

---

责任编辑：闫　星　　责任校对：高　涵　　责任印制：储志伟

---

中国纺织出版社有限公司出版发行
地址：北京市朝阳区百子湾东里A407号楼　邮政编码：100124
销售电话：010—67004422　传真：010—87155801
http://www.c-textilep.com
中国纺织出版社天猫旗舰店
官方微博 http://weibo.com/2119887771
德富泰（唐山）印务有限公司印刷　各地新华书店经销
2022年6月第1版　2025年3月第5次印刷
开本：880×1230　1/32　印张：6
字数：96千字　定价：49.80元

---

# 前 言

秦始皇，中国历史上著名的政治家、战略家、改革家，是首位完成华夏大一统的铁腕政治人物，建立首个多民族的中央集权国家，曾采用三皇之“皇”、五帝之“帝”构成“皇帝”的称号，是古今中外第一个称皇帝的封建王朝君主。关于秦始皇的功过是非，历来众说纷纭，有人说他“残暴至极”，有人说他是“千古一帝”，有人说他“功大于过”，有人说他“过大于功”。

无论如何，秦始皇开启了作为中国的统一的多民族封建国家，在中央建立皇帝制度，实行三公九卿制度，管理国家大事；地方上废除分封制，代以郡县制，同时书同文，车同轨，行同伦，统一度量衡；对外北击匈奴，南征百越，修筑万里长城，修筑灵渠，沟通水系。秦始皇把中国推向大一统时代，为建立专制主义中央集权制度开创新局面，对中国和世界历史产生深远影响，奠定中国两千余年政治制度基本格局。

同时很多文学家将秦始皇说成暴君，为了权力可以不

择手段，焚书坑儒、举全国之力兴修万里长城、秦驰道、灵渠、阿房宫及秦始皇陵等规模均极为庞大的工程。不少文献均斥责在工程进行时造成不少人命伤亡，但另一方面赞扬这些工程使各地的交通进一步发展，有助日后交通、经贸，以及各民族之融合，尤其是万里长城和秦始皇陵兵马俑，更是为我们留下了历史奇迹和文化瑰宝。

秦始皇在位三十七年，但他建立的这个庞大的帝国仅仅维持了十五年的时间，这无疑是一种戏剧性的结果，正因为如此，他和他的帝国成为后世人们关注和考古学家、文学家们研究的重点。

本书是一本人物传记，它运用浅显易懂的文字、平铺直叙的语言，按照秦始皇生平主要事迹为主线，将“千古一帝”秦始皇鲜活地呈现出来，让读者朋友们对秦始皇这个历史人物有更深层次的了解，希望读者朋友们喜欢。

编著者

2021年3月

# 目　录

## 第一章

# 千古一帝的诞生

公元前259年正月，在赵国邯郸城的一座老宅（在今城内中街以东，丛台西南的朱家巷一带）内，一声婴儿的啼哭声带来了中国历史第一位皇帝——秦始皇。接生婆对床榻上虚弱的妇人说："恭喜夫人，贺喜夫人，这男孩日后必定是位成大器的贵人。"产妇笑了笑说："不过是个苦命王孙。"产妇就是秦始皇的生母赵姬。

秦始皇正月出生，因此取名嬴政。秦始皇生逢乱世，公元前481年至公元前222年，是一个战火四起的年代，此时一百多个诸侯混战，形成了秦、齐、楚、魏、韩、赵、燕七个大国鼎立的趋势，这七个大国被称为"战国七雄"。七雄中当数秦国实力最强，当时在位的是秦昭王（即秦昭襄王），先后将巴、蜀、汉中、上郡、河东、陇西、南邵、黔中、南阳、北地10郡兼并，形成了强大的秦国阵容。

秦国的土地面积已经大于其他六国的总和，在七雄争斗

中占据主动地位。为了抵御秦国的进一步扩张，剩下的六国联合起来，互相支援，这就是后来人们所说的“合纵”。而秦国也没有坐以待毙，为了打破六国的联合，对他们进行分离，则采取“连横”策略，即与其中某一国建立盟约，停止战争，而攻取别国。

七国之间战乱不断，且呈愈演愈烈之势，在这些大小战役中死去的人不计其数，战争之残酷也是令人无法想象。

秦昭王（公元前307年登基）在位期间，实行了远交近攻的外交策略，以此增强自己的实力，为了拉拢赵国，他将自己一名叫异人的未满十六岁的孙子送到赵国做人质，异人乃秦国太子安国君的儿子。

当然，异人并非安国君的嫡子，再加上其母夏姬也不受宠，异人在秦国的地位本身就不受人待见，而异人也理所当然成为秦昭王送到赵国来表诚心的棋子。

异人在赵国也没有受到优待，无论是饮食起居还是外交人事上，大家都对这个异国来的王孙没有多加照顾，反而经常被受到软禁之类的“特别对待”。

这种情况被阳翟（今河南禹县）富商吕不韦看在了眼里，在他看来，这是一桩即将为自己带来巨大利益的好买卖，便去求见了异人，他告诉异人说：“我能光大公子的门

第！”而此时的异人心情烦闷的很，原因是秦昭边境战乱频繁，这让作为人质的异人在赵国的日子并不好受，再加上来自秦国的一些消息，诸如秦昭王健康堪忧、安国君地位不保等，都让异人烦躁不安，而此时吕不韦的突然造访让他颇感奇怪。

异人从前倒是听过吕不韦的名讳，但是难免对吕不韦心存戒备之心，于是，他对吕不韦说：“先生还是先光大自己的门楣再来光大我的吧。”吕不韦当然能听出来这话中之意，但他也是做足了功课来的，就在来拜访异人之前，他还去讨教了老父亲的建议。

吕不韦问父亲：“耕田可获利多少？”

父亲答：“可获得十倍。”

“经营珠宝玉器能获利多少？”吕不韦问。

“百倍。”父亲说。

“如果扶立一个国家的君主会得多少利呢？”目不韦又问。

父亲答：“这是不能用数字计算的。”

于是，吕不韦决定去拜访异人。

在异人提出疑问后，吕不韦说：“我只有先光大公子的门楣，才能光大自己的呀。”随后，吕不韦缓缓讲出了其中

的利弊："昭王老了，早晚会驾鹤西去，而毫无例外安国君会继位，他有很多儿子，你并不是嫡子，无论怎样，你也不会是接下来幸运的那个。"

"先生说得极是，那我该怎么办呢？"

"公子贫困，又在邯郸寄人篱下，无法孝敬父母，更别说广结好友了，如果不找出对策，如何出人头地？"

异人被打动了，恳求吕不韦，吕不韦随后说："我固然贫穷，但愿意拿出所有钱财给公子，帮公子游说安国君和华阳夫人，立公子为嫡嗣。"

异人听后大喜，随即叩拜吕不韦表示感谢："如果真能如你所说的那样，我愿来日与您共同执掌大秦的朝政。"

协议达成后，吕不韦便开始筹措资金，在筹到的千金中，吕不韦拿出了五百金给异人，让其重整形象、广结好友，剩下的五百金他拿来购买了贵重珠宝，以此作为登门礼拜访华阳夫人。

入了秦国后，吕不韦先找到当时最受安国君宠爱的华阳夫人的姐姐，给华阳夫人送去了贵重的礼物，并说了很多异人的好话，让华阳夫人对异人心生好感，这位华阳夫人虽然极受宠爱，但却并未生育，吕不韦正是抓住了这一点，开始游说华阳夫人。

“夫人得太子宠爱，是无上的幸事，但夫人有老去的一天，夫人膝下无子，如何能安保晚年？夫人不如趁年轻物色一位孝顺贤惠的，将来继承大统，夫人也会母凭子贵，人无远虑必有近忧呀。”这样一番话直戳华阳夫人心窝子，于是她答应了吕不韦的提议。

后来，华阳夫人便施展手段，让安国君立异人为自己的儿子，异人从此获得新名——子楚，吕不韦也收到了安国君寄来的亲笔信，信中说让吕不韦担任异人的师傅。

不过，吕不韦并不因此而满足，他还将自己的侍女赵姬送给子楚。

一天，吕不韦在家中宴请异人，期间，吕不韦将生得国色天香的赵姬唤出来伴舞助兴，赵姬与异人结识，一年后正月生下了嬴政。

嬴政生逢乱世，故被称为乱世王孙，而赵姬在嬴政出生时却说嬴政是苦命王孙，这是为何呢？

这要从当时的动荡局势说起，当时的赵国频频遭受秦国攻打，赵国人对秦国人恨之入骨，自然对在赵国出生的秦国国君的子孙心生怨恨了。

在嬴政出生的头一年，秦昭王命令大将白起攻打赵国，而赵国此时放弃了老将廉颇，命青年将领赵括带军迎敌，谁知这赵括虽是饱读诗书，也为将门之后，但却是纸上谈兵，毫无作战经验，结果在与秦军正面交锋时被秦军团团围住，成了瓮中之鳖。

于是，赵括亲率精锐部队强行突围，结果被秦军乱箭射死。

赵国军队因无主将指挥，二十万士兵向秦将白起投降。白起说："赵国士兵反复无常，如果不全部杀掉他们，恐再生事端。"于是白起用欺骗的手段，命令秦国军队将赵国降兵全部活埋，只留下年纪尚小的240名士兵放回赵国。

长平之战，秦国军队前后斩杀赵国士兵45万人，赵国上下一片震惊。秦军也伤亡大半，国内空虚。赵国经此一战元气大伤，加速了秦国统一中国的进程。此战是中国古代军事史上最早、规模最大、最彻底的围歼战。

长平会战一年后，公元前258年九月，秦国大将王陵率精兵数十万攻打赵国都城邯郸。经过一年休养生息的赵国军民奋起卫国。一场悲壮的邯郸保卫战打响了。赵国人对秦国怨恨交加，都提出要斩杀人质子楚。吕不韦用六百金贿赂看守子楚的官吏，让他趁夜色逃回秦国。这一次邯郸保卫战，赵国在齐、楚联军的援助下，大败秦军。

此次失败，秦昭王归咎于白起，认为他称病不上前线指

挥，虽下令赐死白起，后白起自杀。

在子楚回到秦朝后，赵姬带着年幼的嬴政在赵国东躲西藏，这才保全了性命，他不敢和孩童们玩耍，也不曾享受过这样的乐趣，这一切让嬴政过早地成熟。六年后，秦昭王逝世，安国君顺利继位，也就是历史上的孝文王。华阳夫人被立为后，嬴政被接回秦国。

嬴政自赵国回到秦国，不到一年，他的祖父孝文王就病故了。父亲子楚终于如愿以偿地当了秦王，即秦庄襄王。他立赵姬为王后、嬴政为太子，任命吕不韦为相国，并封为文信侯，享十万户地的租税。

## 第二章

# 少年君王

公元前251年，嬴政从赵国邯郸回到秦都咸阳。咸阳从秦孝公时期就开始大兴土木，又经历了接下来九代君王的发展，到了嬴政时，已经是名噪一时的大都市了，可以说是积聚了当时关中地区的大部分财富。

初到咸阳的嬴政，感受到了完全与邯郸不同的景象，邯郸到处都充斥着战争的恐惧感，到处是腐臭的尸体，人们担惊受怕地生活，咸阳则一派繁荣景象，进宫之后，嬴政享受到了身为帝王之后的优待——这也是他第一次感受到来自权力的魅力。

然而，孝文王在位不到一年就去世了，嬴政的父亲子楚名正言顺当上了帝王，而嬴政也成了王储，华阳夫人成为当朝王后，这也为千古一帝的诞生奠定了基础。

嬴政到达秦国后，第一件重要的事就是认真学习，他学习的内容有很多，而秦史成为他的必修课内容。商鞅变法则

是秦史中的重点。

春秋战国时期，是分封制崩溃、中央集权制确立的过渡时期。

在这一时期，铁制农具的使用和牛耕的逐步推广，导致原有的土地国有制，逐步被土地私有制所代替，地主和农民两大对立的阶级产生。

新兴军功地主阶级随着经济实力的增长，要求获得相应的政治权利，从而引起了社会秩序的变动。

因此，纷纷要求在政治上进行改革，发展封建经济，建立地主阶级统治。

各国纷纷掀起变法运动，如魏国的李悝变法、楚国的吴起变法等。

战国初期，秦国井田制瓦解、土地私有制产生和赋税改革，都晚于其余六国，社会经济的发展落后于齐、楚、燕、赵、魏、韩六个大国。为了增强秦国实力，在诸侯国的争霸中处于有利地位和不被别国吞并，秦孝公引进人才，变法图强。

秦孝公于公元前359年命商鞅在秦国国内颁布《垦草令》，作为全面变法的序幕。

其主要内容有：

刺激农业生产；抑制商业发展；重塑社会价值观，提高农业的社会认知度；削弱贵族、官吏的特权，让国内贵族加入到农业生产中；实行统一的税租制度等改革方略。

第一次变法：

《垦草令》在秦国成功实施后，秦孝公于公元前356年任命商鞅为左庶长，在秦国国内实行第一次变法。

其主要内容有：

（一）颁布并实行魏国李悝的《法经》，增加连坐法，轻罪用重刑；

（二）废除旧世卿世禄制，奖励军功，禁止私斗，颁布按军功赏赐的二十等爵制度；

（三）重农抑商，奖励耕织，特别奖励垦荒；规定生产粮食和布帛多的，可免除本人劳役和赋税，以农业为“本业”，以商业为“末业”，并且限制商人经营的范围，重征商税；

（四）焚烧儒家经典，禁止游宦之民；

（五）强制推行个体小家庭制度。

第一次变法扩大了国家赋税和兵徭役来源，为秦国经济实力和军事实力的壮大奠定了坚实的基础。

咸阳（今陕西省咸阳市东北）位于关中平原中部，北依

高原，南临渭河，顺渭河而下可直入黄河，终南山与渭河之间可直通函谷关。

为便于向函谷关以东发展，秦孝公于公元前350年命商鞅征调士卒，按照鲁国、卫国的国都规模修筑冀阙宫廷，营造新都，并于次年（即公元前349年）将国都从栎阳（今陕西省西安市阎良区武屯乡关庄和御宝屯一带）迁至咸阳，同时命商鞅在秦国国内进行第二次变法。

其主要内容有：

（一）废除贵族的井田制，“开阡陌封疆”，废除奴隶制土地国有制，实行土地私有制，国家承认土地私有，允许自由买卖；

（二）普遍推行县制，设置县一级官僚机构；“集小都乡邑聚为县”，以县为地方行政单位，废除分封制，“凡三十一县”，县设县令以主县政，设县丞以辅佐县令，设县尉以掌管军事。县下辖若干都、乡、邑、聚；

（三）迁都咸阳，修建宫殿；

（四）统一度量衡制，颁布度量衡的标准器；

（五）编订户口，五家为伍，十家为什，规定居民要登记各人户籍，开始按户按人口征收军赋；

（六）革除残留的戎狄风俗，禁止父子、兄弟同室居

住，推行小家庭政策。规定凡一户之中有两个以上儿子到立户年龄而不分居的，加倍征收户口税。这是对第一次变法中“异子之科”法令的补充，也是对社会风俗的规范。

经过商鞅变法，秦国的旧制度被彻底废除，经济得到了发展，秦国逐渐成为战国七雄中实力最强的国家，为后来秦国统一六国奠定了坚实的基础。

公元前338年，秦孝公去世，秦惠文王继位。变法侵犯了贵族们的利益，因此遭到他们的强烈反对。商鞅失去变法的强有力支持者，有口难辩，只得逃亡。最后，商鞅在秦军追捕中毙命，只落得个“车裂”的下场。但变法得以继续实行下去。

商鞅变法是中国古代一次成功的变革，他让秦国成为一个强大的国家，并且为以后秦国统一六国奠定了基础，而且确定了法治的思想。

商鞅吸取了李悝、吴起等法家人物在魏、楚等国实行变法的经验，结合秦国的具体情况，对法家政策做了进一步发展，后来居上，变法取得了较大的成效。

他进一步破除了井田制，扩大了亩制，重农抑商，奖励一家一户男耕女织的生产，鼓励垦荒，这就促进了秦国小农经济的发展；他普遍推行了县制，制定了法律，统一了度量衡制，建成了中央集权的君主政权；他禁止私斗，奖励军功，制定二十等爵制度，这有利于加强军队战斗力；他打击反对变法的旧贵族，并且“燔《诗》《书》而明法令”，使变法得以贯彻执行。

经过商鞅变法，秦国在经济上改变了旧有的生产关系，废井田开阡陌，从根本上确立了土地私有制；在政治上，打击并瓦解了旧的血缘宗法制度，使国家机制更加健全，中央集权制度的建设从此开始；在军事上，奖励军功，达到了强兵的目的，极大地提高了军队的战斗力，发展成为战国后期最强大的国家，为秦下一步的战略发展创造了有利的条件，为统一全国奠定了基础。

嬴政在长达五年的学习后，羽翼逐渐丰满，终于，在五年后，伴随着庄襄王的突然离世，年仅十四岁的嬴政在毫无预兆的情况下登上帝位，从此开启了他的雄图霸业。

第三章

# 智谋名臣吕不韦

公元前246年，庄襄王突然离世，年仅十四岁的嬴政成为秦国的新君主，此时的嬴政年少稚嫩，国事尚需要辅佐，赵太后和吕相国便担此大任。

嬴政在继承秦国帝位时，并不是一派祥和之景象，可谓是内忧外患，在外刚打了败仗，在内有太原郡的反叛。身为相国，吕不韦镇定自若，在平定了内乱后顺利让嬴政登上皇位，继续实行连横的策略，击退六国的合纵之谋，他先联赵攻燕，后又联燕攻赵，频频得手，两次拆散并击退了列国的军事进攻，让楚国不得不迁国度到寿春（安徽寿县），并吞灭了魏国的附庸——卫。这样势如破竹的军事谋策，让强大的六国联盟迅速瓦解，在他的“远交近攻”的扩张策略下，秦国又继续取得了多次重大战争的胜利，他还亲自率军灭掉东周国，结束了长达800余年的周王朝末代统治，为秦国统一天下奠定了基础。

从公元前249年到公元前243年六年的时间里，吕不韦先后发动了三次对三晋的攻势（三晋即韩、赵、魏三国，这三个国家是从春秋时期大国晋分裂出来的，史称三晋），占领了他们的大片土地。

吕不韦在辅佐嬴政的二十年时间里，开疆扩土，在秦国实现统一的路上功不可没。

吕相国不仅有将领之才，更善于治理国家，他明白要完成统一大业，不但要武功兵略，更重要的是文治与权谋。所以，吕不韦在发动对外兼并战争的同时，也从理论上去探讨治国方略，描绘未来的统一蓝图。于是，他主持编写了《吕氏春秋》。吕不韦在秦国执政后，就从东方六国招揽各派学者、文人来秦国，宾客盈门，号称“食客三千”。

战国时代，养士已成为上层社会竞相标榜的一种时髦风气。只要是有实力有抱负的国君、权臣，无不以尽可能多地收养门客为荣。赵襄子、魏文侯、赵惠文王、燕昭王、“战国四公子”、秦相吕不韦、燕太子丹，门下都收养有千人以上的门客，其养士之规模也是春秋时期所不能望其项背的。由于通过养士的方式可以大量集中人才，既能迅速抬高自己的政治声誉，以号召天下，又能壮大自己的政治力量，以称霸诸侯，所以上层权贵们争相礼贤人士，不拘一格地网罗人

才，以尽天才之大为己能，形成了“士无常君，国无定臣”的人才流动和人才竞争的大好局面。

吕不韦经商时，亲眼看到各国上层社会养士成风。而他在邯郸扶植子楚时，也是从养士做起。如今自己大权在握，身为天下名相，还能不超过四大公子的养士规模吗？所以他就不惜财力，招揽宾客（也称食客）。一时间，吕不韦门下汇聚了天下各处奔来的各种养士三千余人，号称“食客三千”。

这些人士虽然脱胎于中国奴隶社会，但却有勇有谋，且愿意投身变革的大潮中，其中就有孙膑、张仪、苏秦、廉颇、白起、范雎、蔡泽等历史名人。吕不韦养士不仅重视人数，更重视质量。四大公子所养的士，人员混杂，上到政治人才，下到一些鸡鸣狗盗之辈，而吕不韦招的士，则多是文人墨客和学者。

吕不韦招纳文人墨客和学者原因有二。其一，他素来善于谋略，瞧不起那些头脑简单的勇夫，再说秦国猛将如云，军力强大，没有必要再蓄养征杀之士。其二，其时许多善辩之士纷纷著书立说，广为流传，不但天下闻名，还可传之后世，永垂青史，这一点尤其令吕不韦眼热。吕不韦本是商人出身，没有条件去著书立说，但他可以借助这些擅长舞文弄墨的门人，来实现自己的抱负和愿望。那时各诸侯国有许多才辩之士，像荀卿那班人，著书立说，流行天下。

待到一切准备就绪，吕不韦就令门下凡能撰文者，每人把自己所闻所见和感想都写出来。交上来的文章五花八门，写什么的都有，古往今来、上下四方、天地万物、兴废治乱、士农工商、三教九流，全都有所论及，许多文章还有重复。吕不韦又挑选出几位文章高手对这些文章进行筛选、归类、删定，综合在一起成书，取名叫《吕氏春秋》。吕不韦对此书十分看重，他自己认为这部号称《吕氏春秋》的书是杰作，夸口说该书是包揽了“天地、万物、古今”的奇书。例如，在相当全书总序的《序意篇》中就这样写道：“凡十二纪者，所以纪治乱存亡也，所以知寿夭吉凶也，上揆之天、下验之地、中审之人，若此，则是非可不可无所遁矣。”为了精益求精，也是为扩大影响，吕不韦还想出一个绝妙的宣传该书的办法，他请人把全书誊抄整齐，悬挂在咸阳的城门，声称如果有谁能改动一字，即赏千金。消息传开后，人们蜂拥前去，包括诸侯各国的游士宾客在内，却没有一个人能对书上文字加以改动。当然，这不一定就证明《吕氏春秋》字字珠玑，达到了尽善尽美的程度，而很可能是因为人们都敬畏吕不韦的威势，没有人愿意出头罢了。不过，这样一搞，其轰动效应却是巨大的，《吕氏春秋》和吕不韦

的大名远播东方诸国。

值得一提的是，这部作于战国时期的大作，其中保存了不少古代的遗文佚事和思想观念，具有一定的参考价值。《吕氏春秋》以道为主汇合了先秦各派学说，“兼儒墨，合名法”，体现了道家的优点与特色。吕不韦借门客之手撰写《吕氏春秋》，虽主要靠借他人之光提高其形象，但在文化事业上确实是做了件大好事，功不可没。吕不韦自己认为其中包括了天地万物、古往今来的事理，所以称之为《吕氏春秋》。“刻舟求剑”的故事就出自《吕氏春秋·察今》。

从秦王政14岁即位起，作为辅政的吕不韦就深知自己责任重大。他要总理内政、外交和军事重责，同时要加紧培养嬴政处理国事的能力。归结起来，在秦始皇统一大业的征途上，吕不韦功不可没。吕不韦忠心辅政的故事很多，现在单从甘罗出使的故事说起吧。

秦国要和六国争雄，就要破除六国的联合，对东方六国分别施行和与战的策略。大约在秦政刚即位的时候，吕不韦派成君蔡泽去燕国做使者。蔡泽去燕国三年，燕王喜同意让太子丹入秦为质，请秦国派一大臣入燕为相。

燕太子丹已经来秦，而入燕为相的大臣却迟迟未能成行。吕不韦派曾经率兵攻打过赵、魏的老臣张唐去燕为相，可他却以入燕必须经过赵国，而赵国正悬赏一百里封地捉拿他为由，不肯接受任命。既然如此，自然不能勉强，但是到底派谁去呢？

一天，吕不韦正在家中为此时烦闷，甘罗见状，就走上前问道："丞相有什么心事，可以告诉我吗？"吕不韦心里正烦躁得很，见是甘罗，就挥挥手说："走开，走开，小孩子知道什么？"甘罗高声说道："丞相收养门客不就是为了能够替你排忧解难吗？现在你有了心事却不告诉我，我即便想要帮忙的话，也没有机会啊！"吕不韦见他说话挺有自信的样子，就改变了态度，说："皇上派刚成君蔡泽到燕国为相，已经3年了，燕王对他很满意。派太子丹到秦国做人质，表示友好，我派张唐到燕国为相，占卦的结果也很吉利，可是他却借故推辞不去。"

事情原来是这样的，张唐是秦国一位大臣，曾率军攻打赵国并占领了大片的土地，赵王对他恨之入骨，声称如果有人杀死张唐，就赏赐给他百里之地，这次出使燕国必须经过赵国，所以张唐推辞不去。甘罗听了，微微笑道："原来是这样一件小事，丞相何不让我去劝劝他？"吕不韦责备他："小孩子不要口出狂言，我自己请他他都不去，何况你小小年纪。"甘罗听了不服气地说："我听说项橐七岁的时候就

被孔子尊为老师，我比他还大五岁，你为何不让我去试试，如果不成功的话，你再责备我也不迟啊！”吕不韦见他语气坚定、神气凛然，心里不由暗自赞赏，于是就改变了态度，放缓了口气说：“好，那你就去试试吧！事成之后，必有重赏。”甘罗见他答应了，也就没多说什么，高高兴兴地走了。

到了张唐家里，张唐听说是吕不韦的门客来访，连忙出来相见，发现甘罗不过是个十多岁的小孩子，不由得心生轻视，张口就问道：“你来干什么？”甘罗见他态度傲慢，就说道：“我来给你吊丧来了。”张唐听了大怒：“小孩子怎么能这样说话，我家又没死人，你来吊什么丧？”甘罗笑道：“我可不敢胡说啊，你听我讲一下原因。你和武安君白起相比，谁的功劳更大啊！”张唐连忙答道：“武安君英勇善战，南面攻打强大的楚国，北面扬威于燕赵，占领的地方不计其数，功绩显赫。我怎么敢和他相比啊？”“应候范睢和文信侯相比，谁更专权独断啊？”应侯是秦国以前的一位丞相，文信侯即吕不韦，张唐答道：“应侯当然不如文信侯专权独断啦！”“你真的知道应候不如文信侯专权吗？”张唐说道：“当然了。”甘罗听了笑道：“既然如此，那你为何还推辞不去呢？我听说，应侯想攻打赵国的时候，武安君反对他，离开咸阳七里就被应侯派人赐死，像武安君这样的

人尚且不能被应侯所容忍，你想文信侯会容忍你吗？”张唐听了这话，不由得直冒冷汗，甘罗见状又说：“如果你愿意去燕国的话，我愿意替你先到赵国去一趟。”张唐连忙称谢答应了，请他回去禀报丞相。

甘罗回去把情况告诉吕不韦。吕不韦听了很高兴，甘罗说：“张唐虽然不得已答应去了，可经过赵国时可能还会遇到麻烦。我想替他先到赵国去一下。”吕不韦已经相信了他的才能，想了一下就答应了，并把这件事禀报给秦王，说：“大王，甘茂有个孙子叫甘罗。年方十二岁，投奔在臣的门下，他出身名门、工于心计，能言善辩，这次张唐托病不去燕国为相，经他一说就答应了，而且，他还想替张唐先到赵国去一趟，请你答应他吧！”秦王听了，就叫甘罗进来相见，过了一会儿，就见殿下走进一个眉清目秀的少年来。心下不由喜欢，笑着问道：“就是你想要出使赵国吗？”甘罗答道：“是的。”“那你见了赵王后要说什么呢？”“我看他的神色，相机行事。不知道赵王反应如何，我也不能确定该说什么话啊。”秦王见他口齿伶俐，对答如流，就答应了他，给他十辆车、百余名仆从。让他出使赵国。

甘罗又征得吕不韦的同意，按照秦国扩大河间郡的意图到赵国去进行游说。赵王早已听说秦国准备派人到燕国为

相了，心里一直很焦急，担心秦国和燕国联合起来攻打他。这时听说秦国使者求见，连忙说："叫他进来。"不多时，就见一个少年缓步走上前来，朗声道："小臣甘罗奉秦王之命，拜见赵王。"赵王连忙让他在旁边坐下，心里暗暗称奇，秦国怎么派了这样一个小孩子来，再仔细一端详，也不由心生喜爱之情，只见那甘罗长得一表非凡，眼神清朗，眉宇间露着一股轩昂之气，于是就问道："秦国过去一位姓甘的丞相是你的什么人？"甘罗答道："是我的祖父。""你多大年纪？""小臣已十二岁了。"赵王听了不由大笑道："秦国难道没有人可派吗？让你这个小孩子出来！"甘罗不慌不忙的答道："我们秦王用人，都是按他们才能的大小让其承担不同的责任，才能高的担当重任，才能低的担当小的责任，秦王认为这是件小事，所以就派我来了。"赵王听了不由的对甘罗又敬重了几分，问道："你这次到赵国来究竟有什么事？"甘罗反问道："大王是否听说过燕太子丹入秦为质这件事。"赵王点了点头，甘罗又问道："大王是否听说过张唐要到燕国为相？"赵王又点了点头，"既然如此，那你为何还不着急啊？燕派太子入秦为质，说明燕国不欺骗秦国；秦国派张唐入燕为相，说明秦国不欺骗燕国。燕秦不相欺，赵国就危险了。"赵王听了问道："秦国和燕国和

好，有什么目的吗？”甘罗答道：“秦燕和好没有别的原因，就是想攻打赵国、扩大河间的地盘啊！”“哦，是吗，那您这次来有何见教？”赵王问道。“大王不如给秦国五座城池扩大秦国的地盘，秦王自然高兴，你再请求他遣回燕太子，断绝秦燕之好，这样你就可以去放心地去攻打燕国了。以强大的赵国攻打小小的燕国，还愁得不到五座城池吗？”赵王听了很高兴，就赏给他黄金百两、白玉一双，并且把送给秦国的五座城池之图让他带回给秦王。

甘罗回到秦国，秦王大加赞赏，说道：“你的智慧真是超出了你的年纪啊！”于是就封他为上卿（战国时诸侯国最高的官职，相当于丞相），并且把原先甘茂的田宅赐给他。赵国得知秦国与燕国绝交后，派军攻打燕国，得到三十座城池，又把其中的十一座城池送给了秦国。

在战国这个时代的大舞台上，各种各样的人才层出不穷，甘罗年方十二，就已经凭自己的智慧周旋于王侯之间，并且不费一兵一卒使秦国得到十六座城池，官封上卿，这在中国历史上可以说是绝无仅有的，确实是一个才能出众的小神童啊！

可惜，他有才有识，寿命却不长，受封之后不久就去世了，是个怀才却短命之人。

## 第四章

# 平定嫪毐之乱

随着秦始皇地位的不断稳固，吕不韦也是权倾朝野，与秦始皇生母开始重修旧好，但后来担心秦始皇发现此事，便将假扮宦官进宫的嫪毐推荐给太后，此人生性好色，放浪无形，深得太后赵姬喜欢，二人偷情不止。后来赵太后假称所住宫殿风水不好，迁居到雍城，偷偷生下二子。

缪毐便利用太后的宠爱大力发展自己的势力。他用几千奴隶经营手工业和商业，很快成为大富豪。缪毐一时荣宠无比，那些想当官的，都趋炎附势，投到他门下做客。他的门客多达千余人。他们经常为他出谋划策，效尽犬马之劳。缪毐还贿赂权贵，结党朋比，权势日盛一日。他的党羽窃取了宫廷卫队长、掌管京城的内史等要职。太后还利用专权的机会大肆犒赏缪毐。秦王政八年（公元前239年），太后封缪毐为长信侯，将阳山（太行山东南，今河南武修一带）赏赐给他，不久，又将太原郡赐给他作封地，称作毐国。

缪毐的势力膨胀后，野心也逐渐膨胀，甚至生出了要取代秦王政的念头。

一天，他趁和太后淫乱后的兴头上，提出了自己想取代秦王政的想法，而获得生理满足的太后早已对缪毐产生依赖，渐渐置母子之情于不顾。缪毐一提出“取代”，太后就马上许诺：“只要秦王政一死，就立我们的儿子为王。”此后，二人经常密谋如何刺杀秦王政。

得到太后的许诺和帮助，缪毐更是如虎添翼，觉得自己登上皇位是早晚的事，其性情更是骄横暴恣，肆无忌惮。

一天，缪毐同亲王侍臣对弈饮酒，对方赢了，但缪毐耍赖，二人就争吵起来。缪毐瞋目大怒，叱骂道：“你算什么东西，我是秦王的假父，你算什么东西，敢跟我叫板！”被骂的侍臣心生怨恨，便去秦王政那里告发了嫪毐。实际上，在此之前，秦王政早已风闻缪毐与太后的丑迹，对他们的篡夺野心也已有觉察。听了告发，秦王政并没有立即爆发，而是选择忍耐，先不动声色，但内心已经有所算计。

此时的吕不韦眼看着秦王政羽翼逐渐丰满，而缪毐的实力也急剧膨胀，而吕不韦想长期控制秦王政，吕缪两专权集团也就难免要钩心斗角、争权夺势。因为两大党羽势力庞大且矛盾尖锐，导致秦国内部政令竟无法统一，朝野上的官吏

们也不知道到底听谁的好，而周边蠢蠢欲动的诸侯国正是想借此机会削弱秦国势力。

这一切，秦王政都看在眼里，他知道，两大党羽不除，已经威胁到了秦国的安定团结了。

当然，秦王政的手段一直是残忍无情的。为了加强王权，早日成就统一大业，秦王政已下决心要不择手段地铲除吕缪势力。

秦王政深知铲除这两大政敌的阻力很大，他时常告诫自己，既要果敢，又必须有节有度，以确保自已稳操胜券。

秦王政九年（公元前238年），秦王政二十二岁，已到了亲政的年龄。依照秦国的礼法惯例，要举行冠礼。

冠礼，古代嘉礼的一种，是古代中国汉族男性的成年礼。冠礼表示男青年至一定年龄，性已经成熟，可以婚娶，并从此作为氏族的一个成年人，参加各项活动。成年礼（也称成丁礼）由氏族长辈依据传统为青年人举行一定的仪式，才能获得承认。

而秦始皇二十二岁才举行冠礼，据史料记载，秦始皇先天发育不良，加上早期生活环境的恶劣，对秦始皇身体、性格的发育有一定影响。他虽然十三岁就即位，但由于没有举行冠礼，不能亲政，朝政由相国吕不韦执掌，不过他却在暗

中聚集势力。

同年四月，在秦国宗庙，秦王政举行了盛大的冠礼仪式，在群臣的一片欢呼朝拜声中，王冠加在了秦王头上，正当秦王政神采奕奕地接受群臣的拜贺时，突然传来消息：长信侯缪毐发动叛乱，正率领叛军向蕲年宫进发！

早就蓄谋要除掉秦王政的缪毐，意识到秦王亲政以后，对他很不利，弄不好还会招来杀身之祸。所以他竭力寻找机会，要在秦王政亲政前除掉他。当秦王政到雍城蕲年宫举行冠礼时，缪毐认为时机已到，便迫不及待地与太后合谋，趁秦王政不在京城的机会，在咸阳发动军事叛乱。他们盗用了秦王政的御玺，再加上太后的御玺，去调动咸阳附近的县卒以及太后、长信侯的卫卒、官骑、宾客等，组成叛军，从咸阳出发，西向秦王政所在的蕲年宫进军，想一举除掉秦王政。

其实，秦王政早就掌握了缪毐和太后的阴谋。只是不动声色，静观变化，并秘密做着应付反叛的准备。秦王政临时决定到雍城举行加冠礼，离开由缪毐集团控制的咸阳城。这样一来，一方面使自己摆脱了被动的局面，另一方面又有意给缪毐“创造”反叛的机会，促使缪毐反叛。因此，叛乱的消息一传来，秦王政丝毫不惊慌，他马上派相国吕不韦和昌平君、昌文君率兵前往镇压。他们将叛军逼回咸阳城，两军

在咸阳交战。秦王政的军队斗志旺盛，一鼓作气斩杀叛军数百人；叛军却没什么战斗力，稍一接触，就立即溃散。缪毐本人也落荒而逃。

叛乱平定后，秦王政又立即下令清除缪党。缪毐及其他叛乱头目很快被捉拿归案，处以枭首（斩首后把头挂在树上）极刑，并车裂其尸以示众，还灭掉了他们的宗族。对其他四千余名党徒，秦王政根据不同情况，分别判罪。有的被判几年徒刑，有的被削职夺爵而流放到偏远的蜀地。同时，将太后与缪毐生的两个儿子装在袋子里活活摔死，并将太后从咸阳迁到雍城隔离软禁。

# 第五章

## 铲除吕氏集团

二十二岁的秦王政在举行冠礼后的第一件事就是斩杀了嫪毐和他的两个私生子，把太后赵姬软禁于雍城。嬴政的这一套组合拳惊得吕不韦目瞪口呆，他突然发现嬴政开始了集权，吕不韦感到自己末日来临了。

的确，铲除了缪毐集团，秦王政的目标就对准了吕不韦，但秦王政深知，对付吕不韦和对付嫪毐要运用不同的方法，嫪毐只是出身市井的小人，其党羽也多是一些乌合之众，而吕不韦则不同，他的三千食客多是文人墨客、有才之人，并且吕不韦已经结党营私十几年，其根基之深厚、威望之高，都是不能直接以武力镇压的。

于是，秦王政既要铲除吕不韦集团，又必须寻求适当的手段。

平息缪氏叛乱以后，秦王政认为铲除吕不韦的时机尚不成熟，也就不动声色地照旧重用吕不韦，但背地里已经在搜集证据。

次年十月，在一次朝会上，秦王政突然宣布吕不韦的几大罪状：首先是与太后关系暧昧，唯恐东窗事发，遂将假阉人嫪毐进献给太后，诱太后与缪毐私通，淫乱宫闱，罪不可赦，且事先知道嫪毐有谋反之心却隐匿不报，当处以极刑。

秦王政说出此令，满朝震惊，一些朝臣以及吕不韦的宾客、游士纷纷为吕不韦说情。这一点让秦王政十分愤怒，足可见吕不韦势力之庞大，在场的官员并不敢否认吕不韦与太后私通之事，只是在秦王政面前历数他的功绩和威望，恳请赦罪。

即使如此愤怒，秦王政依旧不动声色，大臣们求情，他也就顺水推舟、故作宽宏大量状，免去吕不韦的死刑，仅仅罢免了他的相国之职，把他赶出了咸阳城。

实际上，这样的结果正中了秦王政的下怀，因为他本来运用的计谋就是对吕不韦集团进行逐步铲除和瓦解，如果操之过急，便可能激成变故，第一步就是先要解除吕不韦的相权，为今后彻底铲除吕氏集团奠定了基础，同时又显示了自己的宽怀大度，表明自己法外施恩，不忘吕氏旧日之功，堵住了悠悠众口。

秦王政翦灭缪氏集团时，充分利用了吕、缪的矛盾，

吕相国在平息缪氏叛乱中起了很大作用。现在要铲除吕氏集团，秦王政当然也要抓住一切可利用的力量。几乎是在处理吕不韦的同时，秦王政将太后从雍城迎回咸阳。这一举动，一方面可赢得“孝”的美名，减轻舆论压力，更为重要的是使太后一党成为掣肘吕党的平衡力量，利用母子的亲情关系取得太后的支持，进一步孤立吕氏集团。

吕不韦被逐出咸阳城后居住在河南洛阳。但瘦死的骆驼比马大，吕不韦声名在外，即使被罢相，依旧门庭若市，六国的一些贵族、使者及吕不韦的门客频频造访，过从甚密。秦王政知晓后恐怕政局动荡，且认为铲除吕不韦的时机已经成熟。于是，秦王政十二年（公元前235年），就以吕不韦“不甘寂寞”为借口，写信对吕不韦说：“你对秦国有何功劳？秦国封你在河南，食邑十万户。你对秦王有什么血缘关系？而号称仲父。你与家属都一概迁到蜀地去居住！”并下诏书削夺了他的爵位和封地，并将吕不韦及其家属流放到偏远的蜀地。

接到诏令后的吕不韦震惊不已，他没想到，秦王政竟然对自己残忍到如此地步，自己多年来处心积虑经营的政治势力竟土崩瓦解，他也深知秦王政对自己动了杀心，于是便饮鸩而死，结束了他富于传奇的一生。

吕不韦死后，他的门客数千人聚集起来，偷偷地办理丧事。秦王政就以此为借口，严厉惩处吕氏党羽。其党羽，凡来自三晋的，一律逐出秦国，如果是秦人，俸禄在六百石以上的官一律免官夺爵，流放到房陵（今湖北房县），其余门客，不管参加“窃葬”与否，统统被流放。秦王政又趁势诏令全国：谁敢再像缪毐、吕不韦那样专权弄政，都要抄家灭族！

至此，缪氏、吕氏专权的局面结束，秦王政已经上无后党牵制，下无贵臣擅权，集军、政、司法、财权于一身，成为秦国历史上权力空前的君主。秦王政铲除缪、吕势力，连杀带流放上万人，血溅宫廷，其手段既酷烈、惨虐，又不乏深思熟虑的果敢和有节有度，初次显露了他驾驭雄才的大略。

## 第六章

# 茅焦谏秦王

嫪毐之乱平定后，秦始皇车裂嫪毐，扑杀两弟，并把母亲赵姬迁出咸阳，囚禁在雍棫阳宫。许多臣子认为这种处理方式既有悖孝道，又有损秦国形象，先后进谏，秦始皇大怒。下令说："有敢以帝太后的事情劝谏的人，一律处死。"据说，拚死来劝谏的人有二十七人，都被一一处死了。就在这个时候，来了第二十八个人，自称齐客茅焦，有事请求秦王接见。嬴政命令侍卫问道："是不是为太后的事情？"茅焦答道："正是。"嬴政又命令侍卫问道："有没有看见宫门外的死人？"茅焦答道："看见了，二十七个。臣下听说天上有二十八星宿，二十七人二十七星，现在差一个，特来补足满数。请赶紧去报告秦王，臣下不怕死。"

那些和茅焦一起居住的人听说茅焦去谏止秦王，都认为他必死无疑，大家合伙把他的行李私自瓜分，各自逃亡了。听到使者的回报，秦王政火冒三丈，大怒道："这小子是故

意来违抗我的命令的，赶快准备一口大锅，我要煮了他。”说完，按剑端坐，气势汹汹，召见茅焦。

茅焦故意缓慢地进殿以减弱秦王的怒气。使者催促他快点，茅焦说：“我到了那里就要被处死了，您就不能让我慢点吗？”连使者都感到非常悲哀。茅焦来到秦始皇面前，不慌不忙地行过礼，对秦王说：“我听说，长寿的人不忌讳谈论死亡，国君不忌讳研究国家灭亡。人的寿命不会因为忌讳死亡而长久，国家不会因为忌讳亡国而保存。人的生死，国家的存亡，都是开明的君主最希望研究的，不知道大王是否愿意听？”听到这里，秦王的怒气稍稍缓解，问：“此话怎讲？”茅焦说：“忠臣不讲阿谀奉承的话，明君不做违背世俗的事。现在，大王有极其荒唐的作为，我如果不对大王讲明白，就是辜负了大王。”秦王停顿了一会，说：“你要讲什么？说来听听。”茅焦说：“天下之所以尊敬秦国，也不仅仅因为秦国的力量强大，还因为大王是英明的君主，深得人心。现在，大王车裂你的假父，是为不仁；杀死你的两个弟弟，是为不友；将母亲软禁在外，是为不孝；杀害进献忠言的大臣，是夏桀、商纣的作为。如此的品德，如何让天下人信服呢？天下人听说之后，就不会再心向秦国了。我实在是为秦国担忧，为大王担心啊。”说完之后，茅焦解开衣

服，走出大殿，伏在殿下等待受刑。

秦王政听了茅焦这番话之后，深为震动，知道自己的行为对招贤纳士、统一天下大业不利，于是，他亲自走下大殿，扶起茅焦，说：“赦你无罪！先生请起，穿上衣服。我愿意听从先生的教诲。”茅焦进一步劝谏说：“以前来劝谏大王的，都是些忠臣，希望大王厚葬他们，别寒了天下忠臣的心。秦国正图一统天下，大王更不能有迁徙母后的恶名。”秦王说：“以前的人，都是来指责我的。没有一个讲明事关天下统一的道理。先生的话使我茅塞顿开，哪里有不听的道理？”于是，秦王采纳了茅焦的建议，厚葬被杀死的人，又亲自率领车队，前往雍地把太后接回咸阳，母子关系得以恢复。

返回都城咸阳的太后极为高兴，设酒宴款待茅焦，席间对茅焦赞赏有加，她一叠声地称赞说：“先生是天下最正直的大臣。在危急时刻，先生转败为胜，安定秦国的江山社稷，使我们母子重新相会，这都是茅焦的功劳啊！”

后来，茅焦受到秦始皇的尊敬，被立为太傅，尊为上卿。

## 第七章

# 取消“逐客令”

公元前238年，嬴政下令军队镇压宦官叛乱并车裂宦官，因为宦官是由吕不韦介绍的，所以与吕不韦有牵连，秦王政觉得吕不韦不听秦王的话，所以就免去了吕不韦的职务，后来他又逼吕不韦自杀，吕不韦一死，秦国的一些大臣就开始议论世界各地的人来到秦国都是为了他们本国的利益考虑，还有一些是来当间谍的，他们要求秦王将所有的客卿全部驱逐出秦国，秦王政表示赞同，就下令将所有非秦籍官员全部驱逐出秦国。

有个楚国来的客卿李斯，也是被驱逐的人员之一，那么，李斯是什么人呢？李斯（？—公元前208年），战国末楚国上蔡（今河南省上蔡县芦岗乡李斯楼村）人，是儒家著名代表荀子的学生，来到秦国后得到了吕不韦的赏识，留下来当了客卿。

年轻时，李斯做过掌管文书的小吏 。司马迁在《史

记·李斯列传》中记载了这样一件事：有一次，李斯看到厕所里吃大便的老鼠，遇人或狗到厕所来，它们都赶快逃走；但在米仓看到的老鼠，一只只吃得又大又肥，悠哉游哉地在米堆中嬉戏交配，没有人或狗带来的威胁和惊恐。

于是，他发出了这样的感慨："一个人有没有出息，就如同老鼠一样，是由自己所处的环境决定的。"李斯认为人无所谓能干不能干，聪明才智本来就差不多，富贵与贫贱，全看自己是否能抓住机会和选择环境。

在战国时期人人争名逐利的情况下，李斯也是想干出一番事业来。为了达到飞黄腾达的目的，李斯辞去小吏，到齐国求学，拜荀卿为师。荀子的思想很接近法家的主张，也是研究如何治理国家的学问，即所谓的"帝王之术"。李斯学完之后，经过对各国情况的分析和比较，决定到秦国去。

李斯到了秦国以后，很快就得到秦相吕不韦的器重，当上了秦国的小官，有了接近秦王的机会。

一次，李斯对秦王说："凡是干成事业的人，都必须要抓住时机。过去秦穆公时虽然很强，但未能完成统一大业，原因是时机还不成熟。自秦孝公以来，周天子彻底衰落下来，各诸侯国之间连年战争，秦国才乘机强大起来。现在秦国力量强大，大王贤德，消灭六国如同扫除灶上的灰尘那样

容易，现在是完成帝业、统一天下的最好时机，千万不能错过。”

秦王听取李斯离间各国君臣之计，对于六国，李斯还提出了“先灭韩，以恐他国”的吞并顺序。于是他得到了秦王的赏识，因而被提拔为长史。李斯劝秦王派人持金玉去各国收买、贿赂，离间六国的君臣，果然也收到了效果，他又被封为客卿。

正当秦王下决心统一六国的时候，韩国怕被秦国灭掉，派水工郑国到秦国鼓动修建水渠，目的是想削弱秦国的人力和物力，牵制秦的东进。后来，郑国修渠的目的暴露了。这时，东方各国也纷纷派间谍来到秦国做宾客，群臣对外来的客卿议论很大，对秦王说：“各国来秦国的人，大抵是为了他们自己国家的利益来秦国做破坏工作的，请大王下令驱逐一切来客。”秦王下了逐客令，李斯也在被逐之列。

李斯给秦王上了一道奏章劝秦王不要逐客，这就是有名的《谏逐客书》。

后世将其译为白话文：

我听说官员们在商议驱逐客卿的事，臣私下认为这样做错了。过去秦穆公求士，在西边从戎那里得到了由余，东边从宛地得到百里奚，在宋国迎来蹇叔，在晋国招来丕豹、

公孙支。这五个人，并不生长在秦国，可穆公重用他们，结果吞并了二十个小国，使秦称霸西戎。孝公推行商鞅的变法之策，改变了秦国落后的风俗，人民因此殷盛，国家因此富强，百姓甘心为国效力，诸侯各国归附听命；又大败楚、魏两国的军队，攻取了千里土地，至今还稳固地统治着。秦惠王采用张仪的连横之计，攻占了洛阳一带；往西吞并了巴、蜀，往北获取了上郡，往南夺取了汉中，并吞了九夷的土地，控制住楚地鄢、郢；往东占据险要的虎牢，占领了肥沃的土地。于是瓦解了六国的合纵，使他们都向西侍奉秦国，功效一直延续到今天。昭王得到雎范，废掉了穰侯，驱逐了华阳君，增强、巩固了王室的权力，堵塞了权贵垄断政治的局面，逐步侵吞诸侯，使秦成就帝业。这四位国君，都是由于任用客卿而获得成功的。由此看来，客卿们有什么对不起秦国的呢？假使这四位国君拒绝客卿、闭门不纳，疏远外来之士而不用，这就不会使秦得到富强，秦国也不会有强大的威名。

现在陛下罗致昆山的美玉，宫中有隋侯之珠、和氏之璧，衣饰上缀着光如明月的宝珠，身上佩戴着太阿宝剑，乘坐的是名贵的纤离马，树立的是以翠凤羽毛为饰的旗子，陈设的是蒙着灵鼍之皮的好鼓。这些宝贵之物，没有一种是秦国产的，而陛下却很喜欢它们，这是为什么呢？如果一定要是秦国出产的才许可采用，那么这种夜光宝玉，决不会成为秦廷的装饰；犀角、象牙雕成的器物，也不会成为陛下的玩好之；郑、卫二地能歌善舞的女子，也不会填满陛下的后宫；北方的名骥良马，决不会充实到陛下的马房；江南的金锡不会为陛下所用，西蜀的丹青也不会作为彩饰。用以装饰后宫、广充侍妾、爽心快意、悦人耳目的所有这些都要是秦国生长、生产的然后才可用的话，那么点缀有珠宝的簪子，耳上的玉坠，丝织的衣服，锦绣的装饰，就都不会进献到陛下面前；那些娴雅变化而能随俗推移的妖冶美好的佳丽，也不会立于陛下的身旁。那敲击瓦器，拍髀弹筝，乌乌呀呀地歌唱，能快人耳目的，确真是秦国的地道音乐了；那郑、卫桑间的歌声，《昭虞》《武象》等乐曲，可算是外国的音乐了。如今陛下却抛弃了秦国地道的敲击瓦器的音乐，而取用郑、卫淫靡悦耳之音，不要秦筝而要《昭虞》，这是为什么呢？难道不是因为外国音乐可以快意，可以满足耳目官能的需要么？可现在陛下对用人却不是这样，不问是否可用，不管是非曲直，凡不是秦国的就要离开，凡是客卿都要驱逐。这样做就说明，陛下所看重的，只在珠玉声色方面；而所轻视的，却是人民大众。这不是能用来驾驭天下，制服诸侯的方法啊！

我听说，地域广的，粮食必多；国家大的，人民必众；武器锋利的，兵士一定勇敢。所以泰山不拒绝土壤，方能成为巍巍大山；河海不遗弃溪流，方能成为深水；称王的人不抛弃民众，才能表现出他的德行。所以，地不分东西，民不论国籍，一年四季都富裕丰足，鬼神也会来降福。这正是五帝、三皇无敌的原因啊！现在陛下却抛弃百姓以帮助敌国，拒绝宾客以壮大诸侯，使天下之士退出秦国而不敢往西，裹足不敢入秦，这正是人们所说的把粮食送给强盗，把武器借给敌人啊！

许多东西并不产于秦，然而可当作宝物的却很多；许多士人都不出生在秦国，可是愿意对秦尽忠心的却不少。现在驱逐客卿而帮助敌国，减少本国人口而增加仇人的实力，结果在内使自己虚弱，在外又和各国诸侯结怨，像这样做而想使国家不陷于危境，这是办不到的啊！

秦王政觉得李斯说得有道理，连忙打发人把李斯从半路上找回来，恢复他的官职，还取消了逐客令。

秦王政用李斯当谋士后，一面加强对各国的攻势，一面派人到列国游说诸侯，还用反间、收买等手段，配合武力进攻。韩王安看到这形势，害怕起来，派公子韩非到秦国来求和，表示愿意做秦国的属国。

## 第八章

# 重用尉缭

秦王政是个性情暴躁的人，朝中大臣无一人敢评论他的人品和长相，除了一人，此人便是尉缭，那么，尉缭是谁？

尉缭是魏国大梁（今河南开封）人，姓失传，名缭，战国著名军事家。他是秦王政十年（公元前237年）来到秦国的，此时秦王政已亲秉朝纲，国内形势稳定，秦王正准备全力以赴开展对东方六国的最后一击。

当时的秦王政志在统一六国，秦国的实力也完全可以消灭六国中的任何一个，但是一旦六国联合，就难以预料了。所以，如何让六国不再“合纵”，是秦王政苦恼的问题，只要六国不联合，秦国就能以千钧之势，迅速制服六国，统一天下。秦国素来擅长离间东方国家，且屡试不爽，李斯也在着手这件事，但是眼下急需更为有利的方法。

自古以来，统一六国是从未出现的事，秦王政也自知其难度，更不想打无准备之战。

另外，当时摆在秦王政眼前的还有一个棘手的问题，那就是虽然秦国战将如云，但真正经验丰富的军事指挥家却没有。那么，靠谁去指挥这些只善拼杀的战将呢？如何在战略上把握全局，制订出整体的进攻计划呢？这是秦王非常关心的问题。他自己出身于王室，虽工于心计，讲求政治谋略，但没有打过仗，缺乏带兵的经验。李斯等文臣也是主意多，实干少，真要上战场，真刀真枪地搏杀，一个个就都没用了。

尉缭一到秦国，就向秦王献上一计，他说："以秦国的强大，诸侯好比是郡县之君，我所担心的就是诸侯'合纵'，他们联合起来出其不意，这就是智伯（春秋晋国的权臣，后被韩、赵、魏等几家大夫攻灭）、夫差（春秋末吴王，后为越王勾践所杀）、湣王（战国齐王，后因燕、赵、魏、秦等联合破齐而亡）灭亡的原因。希望大王不要爱惜财物，用它们去贿赂各国的权臣，以扰乱他们的谋略，这样不过损失三十万金，而诸侯则可以尽数消灭了。"一番话正好说到秦王最担心的问题上，秦王认为此人很有谋略，就是自己在寻找的谋臣，于是，采纳了他的意见，不仅如此，为了表达对他的重视，秦王还让尉缭享受同自己一样的衣服饮食，每次见到他，总是表现得很谦卑。

尉缭不愧为军事奇才，不但能掌控全局，制定出出奇制

胜的战略决策，还善于识人察人，虽然他与秦王接触时间不长，但是他已经判断出秦王“缺少恩德，心似虎狼：在困境中可以谦卑待人，得志于天下以后就会轻易吞食人，假使秦王得志于天下，那么天下之人都会变成他的奴婢，绝不可与他相处过久”的结论。

这是秦王政第一次听见有人在公开场合这样评价他，一语道破其性格本质，后来秦王政在一统六国后的所作所为，确实与尉缭所言毫无二致。

尉缭认清秦王嬴政的本质，便萌生离去之心，不愿再辅助秦王，并且说走就走。幸好秦王发现得快，立即将其追回。国家正在用人之际，像尉缭这样的军事家如何能让他走？于是，秦王嬴政发挥他爱才、识才和善于用才的特长，想方设法将尉缭留住，并一下子把他提升到国尉的高位之上，掌管全国的军队，主持全面军事，所以被称为“尉缭”。

现在，心存余悸的尉缭不好意思再生去意了，只好死心塌地地为秦王出谋划策，为秦的统一做贡献。

在具体的战术上，尉缭还实践了当时最先进的方法，如在列阵方面，他提出：士卒“有内向，有外向；有立阵，有坐阵”。这样的阵法，错落有致，便于指挥。这一点在今人能见到的秦始皇陵兵马俑坑中可以得到证明。

当然，作为与嬴政不同的人，尉缭对战争的具体行为有他自己的看法，他认为：军队不应进攻无过之城，不能杀戮无罪之人。凡是杀害他人父兄，抢夺他人财物，将他人子女掠为奴仆的，都是大盗的行径。他希望战争对社会造成的危害越小越好，甚至提出：军队所过之处，农民不离其田业，商贾不离其店铺，官吏不离其府衙。另外他还希望靠道义、靠民气来取得战争的胜利。

这些主张与秦王嬴政的思想显然是矛盾的。所以，在统一战争的具体进行过程中，秦王与尉缭会不止一次地发生冲突，在具体的战役中，秦王不让尉缭参与，而是亲令受其思想影响严重的秦军将领们依照秦国一贯的残暴手段打击六国。所以秦军将领们在统一六国的过程中个个都留下了“美名”，如王翦、王贲、李信、蒙武、杨端和、内史腾、辛胜等，而身为国尉、执掌全国军队的尉缭却在此时出现空白。

尉缭将自己的军事思想编撰在《尉缭子》一书中。

《尉缭子》是中国古代的一部重要的兵书，中国古典军事文化遗产的重要组成部分。过去疑古派一直认为《尉缭子》是伪书，《尉缭子》也被长时期的冷落，自1972年银雀山汉墓出土的文献证明《尉缭子》并非伪书。

《尉缭子》一书，对于它的作者、成书年代以及性质

归属历代都颇有争议。一说《尉缭子》的作者是魏惠王时的隐士，一说为秦始皇时的大梁人尉缭。一般署名是尉缭子。最早著录于《汉书·艺文志》，书中杂家类著录《尉缭》二十九篇，兵形势家类著录《尉缭》三十一篇。1972年，在山东临沂银雀山汉墓出土了《尉缭子》残简，说明此书在西汉已流行，一般认为成书于战国时代。

《尉缭子》从人性论的视角考察了人的心理，提出了不少精辟治国思想，如“民非乐死而恶生也”“委积不多则士不行；赏禄不厚则民不劝；武士不选则众不强；器用不便则力不壮；刑罚不中则众不畏”，后一句话可以作为尉缭子经国治军思想的总纲领。《尉缭子》受到《六韬》或者当时其他黄老道家治国理论的影响，提出治国应当使人无欲，无欲则没有争夺，没有争斗就没有犯罪和战争，那么天下就太平了，即“反本缘理，出乎一道，则欲心去，争夺止，图图空”。

《尉缭子》反对迷信鬼神，主张依靠人的智慧，具有朴素的唯物主义的思想。它对政治、经济和军事关系的认识是相当深刻的。在战略、战术上，它主张不打无把握之仗，反对消极防御，主张使用权谋，争取主动，明察敌情，集中兵力，出敌不意，出奇制胜。这些观点即使在今天也仍有值得参考的价值。

《尉缭子》是战国晚期论述军事、政治的一部著作，共五卷二十四篇，南宋刻行的《武经七书》版本最早。《汉书·艺文志》杂家收录了《尉缭子》二十九篇。唐朝初年的《群书治要》中节录了《尉缭子》四篇。1972年，山东临沂的银雀山一号汉墓出土的竹简，也有和《尉缭子》相符的竹简书六篇。从这几篇的情况来看，现在流传版本的文字有很多删节和讹误，篇名常和竹书不合，但基本上没有后人增加的内容。

《尉缭子》反对军事上相信“天官时日、阴阳向背”的迷信观念，强调政治、经济对军事的决定性作用，其理论水平很高。后半部《重刑令》以下十二篇，对研究战国时代的军法颇有帮助，所以有人把此书作为兵书来看待研究。

《尉缭子》的思想大体上接近法家，反对孔孟的亲亲原则，主张用严刑峻法治国和治军，某些思想显得非常残暴，全文处处可见“诛杀”这样的词汇，并且大力倡连坐保甲制度。有意思的是尉缭却非常推崇德、仁义，提出“兵者，凶器也。争者，逆德也。事必有本，故王者伐暴乱，本仁义焉”，告诫君主“杂学不为通儒”，言外之意他的理论才是最有用的理论。

## 第九章

# 法家思想与《韩非子》

秦王政是个勤于政事的人，而在闲暇时光，他做的最多的事就是学习，在宫廷之中，各个学派的学者层出不穷，大家都在兜售自己的治国思想，但秦王政却单单对李斯的法家思想感兴趣。其实，李斯本师从于荀子，在吕不韦看来，李斯是儒家学派的后生，这也是吕不韦让李斯去当议郎的原因，他希望李斯能以儒家思想影响秦王政，但出乎他的意料，年轻的秦王政已经决定运用法家思想来治国。

不过，随着学习的不断深入，秦王政发现李斯的思想已经不能满足自己的理论需求了，他后来又找到一些新的著作来研读，其中就有《韩非子》。韩非为韩国公子（即国君之子），汉族，战国末期韩国人（今河南省新郑），是中国古代著名的哲学家、思想家，政论家和散文家，法家思想的集大成者，后世称“韩子”或“韩非子”，中国古代著名法家思想的代表人物。

韩非师从荀卿，但思想观念却与荀卿大不相同，他没有承袭儒家的思想，却“喜刑名法术之学”（申不害主张君主当执术无刑，因循以督责臣下，其责深刻，所以申不害的理论称为“术”。商鞅的理论称为“法”。这两种理论统称“刑名”，所以称为“刑名法术之学”），“归本于黄老”（指韩非的理论与黄老之法相似，都不尚繁华，清静无为，君臣自正），继承并发展了法家思想，成为战国末年法家之集大成者。

韩国在战国七雄中是最弱小的国家，韩非身为韩国公子（韩桓惠王子），目睹韩国日趋衰弱，曾多次向韩王上书进谏，希望韩王安励精图治，变法图强，但韩王置若罔闻，始终都未采纳，这使他非常悲愤和失望。他从“观往者得失之变”之中探索变弱为强的道路，写了《孤愤》《五蠹》《内外储》《说林》《说难》等十余万言的著作，全面、系统地阐述了他的法治思想，抒发了忧愤孤直而不容于时的愤懑。

后来这些著作流传到秦国，秦王嬴政读了《孤愤》《五蠹》之后，大加赞赏，发出“嗟乎！寡人得见此人与之游，死不恨矣”的感叹，可谓推崇备至，仰慕已极。秦王嬴政不知这两篇文章是谁所写，于是便问李斯，李斯告诉他是韩非的著作。秦始皇为了见到韩非，便马上下令攻打韩国。韩王

安原本不重用韩非，但此时形势紧迫，于是便派韩非出使秦国。秦王政见到韩非，非常高兴，然而韩非却未被信任和重用。韩非曾上书劝谏秦始皇先伐赵缓伐韩，由此遭到李斯和姚贾的谗害，他们诋毁地说："韩非，韩之诸公子也。今王欲并诸侯，非终为韩不为秦，此人之情也。今王不用，久留而归之，此自遗患也，不如以过法诛之。"秦王嬴政认可了他们的说法，下令将韩非入狱审讯。李斯派人给韩非送去毒药，让他自杀。韩非想向秦始皇自陈心迹，却又不能进见。秦王政在韩非入狱之后后悔了，便下令赦免韩非，然而为时已晚。（见《史记·老子韩非列传》韩非者，韩之诸公子也。喜刑名法术之学，而其归本于黄老。非为人口吃，不能道说，而善著书。与李斯俱事荀卿，斯自以为不如非。非见韩之削弱，数以书谏韩王，韩王不能用。于是韩非疾治国不务修明其法制，执势以御其臣下，富国强兵而以求人任贤，反举浮淫之蠹而加之于功实之上。以为儒者用文乱法，而侠者以武犯禁。宽则宠名誉之人，急则用介胄之士。今者所养非所用，所用非所养。悲廉直不容于邪枉之臣，观往者得失之变，故作孤愤、五蠹、内外储、说林、说难十余万言。然韩非知说之难，为说难书甚具，终死于秦，不能自脱。）

韩非继承和总结了战国时期法家的思想和实践，提出了

君主专制中央集权的理论，主张变法。

他主张“事在四方，要在中央；圣人执要，四方来效”（《韩非子·物权》），国家的大权，要集中在君主（“圣人”）一人手里，君主必须有权有势，才能治理天下，“万乘之主，千乘之君，所以制天下而征诸侯者，以其威势也”（《韩非子·人主》）。为此，君主应该使用各种手段清除世袭的奴隶主贵族，“散其党”“夺其辅”（《韩非子·主道》）；同时，选拔一批经过实践锻炼的封建官吏来取代他们，“宰相必起于州部，猛将必发于卒伍”（《韩非子·显学》）。韩非还主张改革和实行法治，要求“废先王之教”（《韩非子·问田》），“以法为教”（《韩非子·五蠹》）。他强调制定了“法”，就要严格执行，任何人也不能例外，做到“法不阿贵”“刑过不避大臣，赏善不遗匹夫”（《韩非子·有度》）。他还认为只有实行严刑重罚，人民才会顺从，社会才能安定，封建统治才能巩固。

对于民众，他吸收了其老师荀子的“性本恶”理论，认为民众的本性是“恶劳而好逸”，要以法来约束民众，施刑于民，才可“禁奸于未萌”。因此他认为施刑法恰恰是爱民的表现。（《韩非子·心度》）。容易让人忽视的是韩非是主张减轻人民的徭役和赋税的。他认为严重的徭役和赋税只

会让臣下强大起来，不利于君王统治。

对于政治，韩非主张改革和实行法治，要求“废先王之教”（《韩非子·问田》），“以法为教”（《韩非子·五蠹》）。他强调制定了“法”，就要严格执行，任何人也不能例外，做到“法不阿贵”“刑过不避大臣，赏善不遗匹夫”（《韩非子·有度》）。

对于臣下，他认为要去“五蠹”，防“八奸”。（《韩非子·八奸》《韩非子·五蠹》）所谓五蠹，就是指：学者（指儒家）、言谈者（指纵横家）、带剑者（指游侠）、患御者（指依附贵族并且逃避兵役的人）、商工之民。他认为这些人会扰乱法制，是无益于耕战的“邦之虫”，必须铲除。所谓“八奸”，就是指：“同床”，指君主妻妾；“在旁”，指俳优、侏儒等君主亲信侍从；“父兄”，指君主的叔侄兄弟；“养殃”，指有意讨好君主的人；“民萌”，指私自散发公财取悦民众的臣下；“流行”，指搜寻说客辩士收买人心，制造舆论的臣下；“威强”，指豢养亡命之徒，带剑门客炫耀自己威风的臣下；“四方”，指用国库财力结交大国培养个人势力的臣下。这些人都有良好的条件威胁国家安危，要像防贼一样防备他们。

韩非的这些主张，反映了新兴封建地主阶级的利益。秦

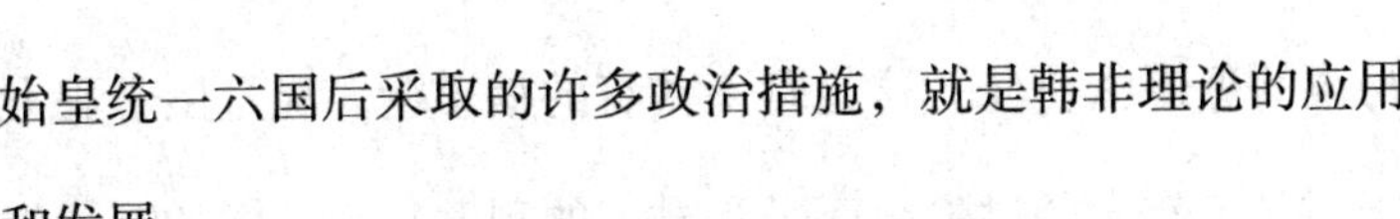

始皇统一六国后采取的许多政治措施，就是韩非理论的应用和发展。

《孤愤》是法家思想的集大成者韩非所著的书篇名。《史记·老子韩非列传》：“（韩非）悲廉直不容于邪枉之臣，观往者得失之变，故作《孤愤》。”司马贞在《史记索隐》中写道：“孤愤，愤孤直不容于时也。”后以“孤愤”谓因孤高嫉俗而产生的愤慨之情。韩非子认为：有才智有谋术之人明察秋毫，听候任用，并且能照明执大权者不可告人之事；能执法之人刚劲正直，听候任用，并且能矫正执大权者奸邪的行为。所以有才智有谋术又能执法的人一旦得到任用，那么官贵权重之臣必然在法律准绳以外。这是有才智能执法之人与掌大权者，不可以两存的仇怨啊！

即有才智有谋术之人，一定有远见并且能明察，不能明察，就不能照亮私暗处的奸邪；能执法之人，一定坚强毅力并且刚劲正直，不刚劲正直，就不能矫正奸邪。臣子遵照法令来治事，按照法令来治理百官，不能说是执掌大权之人。执大权者，无视法令而擅自作为，违背法令从而有利于自己，耗费国力以便宜自家，他的权力能够控制君王，这就是执掌大权之人。

万乘大国的祸患：大臣的权重；千乘小国的祸患，对

身边的近臣太信任；这是君王共有的祸患啊。况且臣子犯大罪，君王有大的过失，臣子和君王的利益是不一样的啊。怎么样来说明呢？便是：君王的利益在于有才能的而任用为官，臣子的利益在于没有才能而得到官职；君王的利益在于有功劳而赏赐爵禄，臣子的利益在于没有功劳而得到富贵；君王的利益在于广交豪杰各用其能，臣子的利益在于结党营私。因此国家土地被削弱而大臣的封邑富裕，君王地位卑下而大臣地位贵重。所以君王失去权势而大臣得到国家，君王更换对拱卫王室之臣的称呼而宰相有剖分信符的权利。这就是臣子欺骗君王求便于私利的目的啊。所以当政掌权的大臣，在君王权势变化时而依然得宠的，十个之中竟没有二三人。这是什么原因呢？为人臣子的罪过太大啊。臣子中有大罪的人，他的所作所为欺骗君王了啊，他们的罪行应当处死啊。有才智之士能远见因而畏惧将至之死，必然不追随掌大权者啊；有贤能之士修身廉洁因而羞于与奸臣一起欺骗君王，必然不追随重权之臣啊。因此这些掌权之众，不是愚蠢便是不知祸患的人，必然不廉洁并且不躲避奸邪之人啊。大臣依靠这些愚蠢腐败之人，对上和他们一起欺骗君王，对下和他们一起坐收渔利，结党营私，串通一气，迷惑君王败坏法纪，以此扰乱民众，使国家临危削弱，君王忧劳受辱，这

是大罪啊。臣子有大罪而君王不禁止这些罪行，这是大的过失啊。如果君王居上有大的过失，臣子在下有大的罪行，想求得国家不灭亡，不可能做到的啊。

在阅读这些内容后，秦王政拍案而起，在内心产生深深的情感共鸣，但在后来阅读《五蠹》，他又将自己的思绪拉到正轨上。

《五蠹》全文近四千七百字，是先秦说理文进一步发展的作品，可以反映出韩非文章的一般特点。作者举出了大量的事实，于对比中指出古今社会的巨大差异，论据充分，词锋锐利，推理事实切中肯綮。以下是《五蠹》的具体内容：

一、倡变法

韩非子说：上古时代，人民少，可是禽兽却很多，人类受不了禽兽虫蛇的侵害。有位圣人出现了，在树上架木做巢居住来避免兽群的侵扰，人民很爱戴他，便推举他做帝王，称他为有巢氏。当时人民吃野生植物的果实和蚌肉蛤蜊，有腥臊难闻的气味，伤害肠胃，人民疾病很多。有位圣人出现了，钻木取火来消除食物的腥臊，人民很爱戴他，便推举他做帝王，称他为燧人氏。中古时代，天下发大水，鲧和禹疏导了入海的河流。近古时代，夏桀和商纣残暴淫乱，商汤和周武王起兵讨伐。如果有人在夏朝还在树上架木筑巢，还钻

木取火，一定会被鲧、禹耻笑；如果有人在商朝还尽全力去疏导河流，一定会被商汤、周武王耻笑。这样说来，那么如果有人在今天还赞美尧、舜、汤、武、禹的政治措施，一定会被新的圣人耻笑。因此圣人不要求效法古代，不取法所谓永久适用的制度，而应研究当前的社会情况，并根据它制定符合实际的措施。有个耕田的宋国人，田里有个树桩子，一只奔跑的兔子撞在树桩上，碰断脖子死了；这个人便因此放下手里翻土的农具，守在树桩子旁边，希望再捡到死兔子，兔子不可能再得到，可是他本人却被宋国人笑话。（现在的帝王若是）想要用古代帝王的政策来治理现在的人民，都是和守株待兔的蠢人相类似的人。

二、反道德

韩非子说：古时周文王住在丰、镐一带，土地只有百里见方，施行仁义的政治，用安抚的手段使西戎归附了自己，终于统一了天下。徐偃王住在汉水以东，土地有五百里见方，施行仁义的政治，向他献地朝贡的国家有三十六国；楚文王怕他危害到自己，起兵攻打徐国，便灭掉了它。所以周文王施行仁义的政治终于统治天下，徐偃王施行仁义的政治却亡掉了自己的国家，这说明仁义的政治只适用于古代而不适用于今天。所以说：时代变了，情况也变了。

在舜统治天下的时候，苗族不归顺，禹准备去征伐它，舜说："不行。崇尚德教还做得不够就施行武力，这不是治国的方法。"于是用了三年时间进行德教，手持盾牌大斧等兵器作为道具跳起舞来，苗族才归顺了。在共工战斗的时候，短兵器都能及敌人之身，铠甲不坚固就会伤到身体，这说明持盾牌大斧跳舞来降服敌人的办法只适用于古代，而不适用于今天。所以说：情况变了，措施也要变。

三、行法治

韩非子说：假定有这么一个不成材的儿子，父母对他发怒，他并不悔改；乡邻们加以责备，他无动于衷；师长教训他，他也不改变。拿了父母的慈爱、乡邻的帮助、师长的智慧这三方面的优势同时加在他的身上，而他却始终不受感动，丝毫不肯改邪归正。直到地方上的官吏拿着武器，依法执行公务，而搜捕坏人的时候，他这才害怕起来，改掉旧习，变易恶行。所以父母的慈爱不足以教育好子女，必须依靠官府执行严厉的刑法；这是由于人们总是受到慈爱就娇纵，见到威势就屈服的缘故。因此，七丈高的城墙，就连善于攀高的楼季也不能越过，因为太陡；千丈高的大山，就是瘸腿的母羊也可以被赶上去放牧，因为坡度平缓。所以明君总要严峻立法并严格用刑。十几尺布帛，一般人见了也舍不得放手；熔化的百镒黄金，即使是盗跃也不会伸手去拿。不一定受害的时候，十几尺的布帛也不肯丢掉；肯定会烧伤手时，就是百镒黄金也不敢去拿。所以明君一定要严格执行刑罚。

四、除异端

韩非子说：儒家利用文献扰乱法纪，游侠使用武力违犯禁令，而君主却都要加以礼待，这就是国家混乱的根源。犯法的本该判罪，而那些儒生却靠着文章学说得到任用；犯禁的本该处罚，而那些游侠却靠着充当刺客得到豢养。所以，法令反对的，成了君主重用的；官吏处罚的，成了权贵豢养的。法令反对和君主重用，官吏处罚和权贵豢养，四者互相矛盾，而没有确立一定标准，即使有十个黄帝，也不能治好天下。所以对于宣扬仁义的人不应当加以称赞，如果称赞了，就会妨害功业；对于从事文章学术的人不应当加以任用，如果任用了，就会破坏法治。

五、励耕战

韩非子说：现在全国的民众都在谈论如何治国，每家每户都藏有商鞅和管仲的法典，国家却越来越穷，原因就在于空谈耕作的人太多，而真正拿起农具种地的人太少。全国的民众都在谈论如何打仗，每家每户都藏有孙子和吴起的兵书，国家的兵力却越来越弱；原因就在于空谈打仗的人太

多，而真正穿起铠甲上阵的人太少。所以明君只使用民众的力量，不听信高谈阔论；奖赏人们的功劳，坚决禁止那些无用的言行，这样民众就会拼命为君主出力。耕种是需要花费气力吃苦耐劳的事情，而民众愿意去干，因为他们认为可以由此得到富足。打仗是十分危险的事情，而民众却愿意去干，因为他们认为可以由此获得富足。如今只要擅长文章学术，能说会道，无须有耕种的劳苦就可以获得富足的实惠，无须冒打仗的危险便可以得到尊贵的官爵，那么人们谁不乐意这样干呢？结果就出现了一百个人从事于智力活动，却只有一个人致力于耕战事业的状况。从事于智力活动的人多了，法治就要遭到破坏；致力于耕战事业的人少了，国家就会变得贫穷。这就是社会混乱的原因。

无论是《孤愤》还是《五蠹》，都正中秦王政的下怀，也解决了他的苦恼，自然深得秦王政的欣赏，尤其是《五蠹》，更是后来秦王政治理秦国的理论指南，对后世也有颇深的影响。

## 第十章

# 韩非之死

秦王政在学习《韩非子》的这一段时间里，逐步读出一个理性的韩非来：

一、政治

1.封建专制

韩非在国家政体方面主张建立统一的中央集权的封建专制国家，韩非的“法”“术”“势”相结合的政治思想，是封建专制主义思想的重要内容。

2.中央集权

韩非子继承和总结了战国时期法家的思想和实践，提出了君主专制中央集权的法家实践理论。

3.名实相符

韩非子另主张“名实相符”，认为君主应根据臣民的言论与实绩是否相符来决定功过赏罚。

二、改革

1.改革图强

改革图治、变法图强，是韩非思想中的一大重要内容。

2.改革变法

中国人惯于尊重过去经验，这个传统思维方式对中国哲学有巨大的影响。

三、法律

1.以法为本

法家是先秦诸子中对法律最为重视的一派。他们以主张“以法治国”的“法治”而闻名，而且提出了一整套的理论和方法。

2.依法治国

韩非子著作总结了前期法家的经验，形成了以法为中心的“法”“术”“势”相结合的政治思想体系。

3.法不阿贵

儒家讲究：“礼不下庶人，刑不上大夫。”而以韩非为代表的法家更把它发展成法律面前、人人平等。

4.以法为教

韩非主张以法为教，意思就是除了制定法律以外，还必须要宣传法律，普及法律知识。

四、哲学

1.法家思想

以法制为核心。

2.唯物主义

韩非子反对天命思想，主张天道自然。

3.辩证法

韩非子的思想中有不少辩证法的因素。看到事物不断地变化着，指出：“定理有存亡，有生死，有盛衰”。

4.道生法

也是法家的思想，在韩非子看来，君王应当具备的一项品质便是“为无为”，自己表现出“无为而治”。

5.法家三治

商鞅、慎到、申不害三人分别提倡重法、重势、重术，各有特点。

韩非继承和总结了战国时期法家的思想和实践，提出了君主专制中央集权的理论。他主张“事在四方，要在中央；圣人执要，四方来效”（《韩非子·物权》），国家的大权，要集中在君主（“圣人”）一人手里，君主必须有权有势，才能治理天下，“万乘之主，千乘之君，所以制天下而征诸侯者，以其威势也”（《韩非子·人主》）。为

此，君主应该使用各种手段清除世袭的奴隶主贵族，“散其党”“夺其辅”（《韩非子·主道》）；同时，选拔一批经过实践锻炼的封建官吏来取代他们，“宰相必起于州部，猛将必发于卒伍”（《韩非子·显学》）。韩非还主张改革和实行法治，要求“废先王之教”（《韩非子·问田》），“以法为教”（《韩非子·五蠹》）。他强调制定了“法”，就要严格执行，任何人也不能例外，做到“法不阿贵”“刑过不避大臣，赏善不遗匹夫”（《韩非子·有度》）。他还认为只有实行严刑重罚，人民才会顺从，社会才能安定，封建统治才能巩固。韩非的这些主张，反映了新兴封建地主阶级的利益和要求，为结束诸侯割据，建立统一的中央集权的封建国家，提供了理论依据。秦始皇统一六国后采取的许多政治措施，就是韩非理论的应用和发展。

《韩非子》是战国末期韩国法家集大成者韩非的著作。

《韩非子》一书，重点宣扬了韩非“法”“术”“势”相结合的法治理论。韩非“法”“术”“势”相结合的理论，达到了先秦法家理论的最高峰，为秦统一六国提供了理论武器，同时，也为以后的封建专制制度提供了理论根据。

韩非的朴素辩证法思想也比较突出，他首先提出了矛盾学说，用矛和盾的寓言故事，说明“不可陷之盾与无不陷之矛不

可同世而立”的道理。值得一提的是，《韩非子》书中记载了大量脍炙人口的寓言故事，最著名的有“自相矛盾”“守株待兔”“讳疾忌医”“滥竽充数”“老马识途”等。这些生动的寓言故事，蕴含着深隽的哲理，凭着它们思想性和艺术性的完美结合，给人们以智慧的启迪，具有较高的文学价值。

韩非可以说是中国历史上最早从理论上提倡“权术”论的思想家了，在韩非到了秦国后，马上被秦王接见。据说韩非本人有点口吃，但是他深刻的思想，令秦王折服。秦王非常赏识韩非，大有相见恨晚之意。李斯看到这个情形，深知自己不如韩非，感觉自己的地位受到了严重的威胁。于是李斯对秦王说：“韩非是韩国公子，他能真心为大王您吗？现在大王想吞并诸侯，他终究会为韩国而不能为秦国，这是人之常情。不能为秦国效力，大王您现在又留着他甚至送他回国，这是祸患的开始。不如找个过错用法律把他诛杀吧。”

李斯这段话说得非常有技巧，句句充满对秦王和秦国的忠诚。一向对李斯很信任的秦王觉得李斯言之有理，便下令查办韩非，将韩非囚入监狱。李斯的目的初步达到，当然不能允许自己的计划落空。为了尽快铲除了韩非这个威胁，避免因秦王后悔而生出他事，他派人送去了毒药。韩非很想到秦王面前申诉，狱卒和李斯却不给他这个机会。可怜的韩非，

昨日还是秦王座上客，今日就成了阶下囚，含冤而死。待到秦王后悔让人赦免韩非时，发现韩非已经死了。而李斯则说韩非是畏罪自杀，秦王半信半疑，但人已死了，也只有作罢。

关于韩非之死，我们要提到一个叫姚贾的人，姚贾是谁?

姚贾是战国时期魏国人，出身“世监门子”，其父是看管城门的监门卒，在当时社会根本没有一点地位可言。他的经历更是让人非议，乃至于韩非后来称其为“梁之大盗，赵之逐臣”。在赵国受命联合楚，韩，魏攻秦，后来秦国使间，被赵国逐出境。他得到秦王嬴政的礼遇和赏识。当他奉命出使四国之时，始皇竟然“资车百乘，金千斤，衣以其衣冠，舞以其剑”。这种待遇，有秦一代，并不多见。出使三年，大有成绩，秦王大悦，拜为上卿，封千户。

当秦国兼并战争到了最后关头，其时韩、魏两国已经濒临灭亡，齐国因其相后胜多收秦国贿赂，不设攻战之备，楚、燕、赵、越等国想联合起来对付秦国。秦王听到这个消息后大为震惊，马上命大臣商议，姚贾自愿出使四国，经过姚贾用重宝和巧舌在四国间周旋，果然四国都不肯出兵，而愿与秦国交友。四国的最后抗秦就这样土崩瓦解了。姚贾回来报告成果，秦王大喜，封贾食邑一千租户税，拜为上卿，然后，秦王将四国各个击破，最后统一六国。

韩非对此颇为不满，就到秦王面前说姚贾的坏话。一开始攻击姚贾用秦国财宝贿赂四国君王，是“以王之权，国之宜，外自交于诸侯”；接着又揭姚贾的老底，说他是“世监门子，梁之大盗，赵之逐臣”，认为重赏这种人是不利于“厉群臣”的。

秦王召姚贾质问，姚贾对答如流，说以财宝贿赂四君是为秦利益考虑，如果是“自交”，他又何必回秦国；对自己的出身他也毫不隐讳，并列举姜太公、管仲、百里奚等名人为例，说明一个人的出身低贱和名声不好并不碍于效忠“明主”。他劝秦王不要听信谗言，于是秦王信任姚贾而杀了韩非（韩非曾上书劝秦始皇先伐赵缓伐韩，由此遭到李斯和姚贾的谗害），他们诋毁地说：“韩非，韩之诸公子也。今王欲并诸侯，非终为韩不为秦，此人之情也。今王不用，久留而归之，此自遗患也，不如以过法诛之。”秦王政认可了他们的说法，下令将韩非入狱审讯。李斯派人给韩非送去毒药，让他自杀。韩非想向秦始皇自陈心迹，却又不能觐见。秦王政在韩非入狱之后后悔了，便下令人赦免韩非，然而为时已晚。（见《史记·老子韩非列传》，“李斯使人遗非药，使自杀。韩非欲自陈，不得见。秦王后悔之，使人赦之，非已死矣。”）但其实韩非子进入秦王宫的那一步开始，就已经注定了悲剧的命运，很简单，秦王不需要他，需要他的思想，所以李斯才能乘虚而入。

# 第十一章

## 先破韩国

秦王政是个爱学习的君王，尤其爱学习历史，为了加快自己统一六国的步伐，他研究了秦国自秦穆公以来的东方政策。

秦穆公时代，晋国正遭遇内乱，秦穆公认为这是个好时机，他想通过干涉晋国内政的手段来控制晋国，但是事与愿违，他不但没有达成目的，反而弄巧成拙，一度被晋国控制。

到了秦献公时代，晋国已经被韩赵魏三国瓜分，而与秦国毗邻的一带则被魏国瓜分，这将成为秦国向东扩张的一大绊脚石，魏国也成了秦国的受压目标。公元前383年，秦献公将都城从雍城迁至东边的栎阳。

到秦孝公时代，秦国都城又迁至咸阳，并且趁着魏国和赵国打仗的时候，出兵伐魏，魏国失败，不得不割让河西的部分土地，并将国都迁至大梁。

惠文王继位后，魏国继续遭到秦国的攻打，黄河以西的土地也归秦国所有。

在占领河西地区以后，秦国反而迷茫了，第一个要兼并哪个国家呢？

秦昭王第一个想到的是魏国，且曾两次攻打魏国国都大梁，但由于魏国的位置在关键的中原地带，一旦魏国失守，其他各国也将告急。为此，韩、赵、齐三国纷纷派兵支援，这让秦昭王的目标以失败告终。

此后，秦昭王又想用远交近攻的外交策略，结交了齐国、燕国和楚国，企图灭掉赵国，但赵国得到了楚国和魏国的增援，秦国依旧以失败而告终。

此时，已到了秦王政时代，他感觉到，在没有确定目标前，尽管四处出击，但都是无功而返，因此，他第一步要做的，就是确定最新的战略目标。

为此，他召见了诸大臣商量对策，李斯发言："以前秦穆公曾是霸主，可他并不能并吞山东六国，原因是当时的山东还有众多的诸侯国家，周天子的影响还在。自秦孝公以来，周天子的影响已不存在，诸侯们互相兼并，山东就剩下了六国。秦国凭借其军事力量的强大威服诸侯，至今已有六世。诸侯国听命于秦，就如同郡县一样。以秦国的强大和大王的英明，消灭六国、统一天下，就如清扫灶台一样容易。现在就是统一天下的千载难逢的好时机，如果不抓紧时机，等到

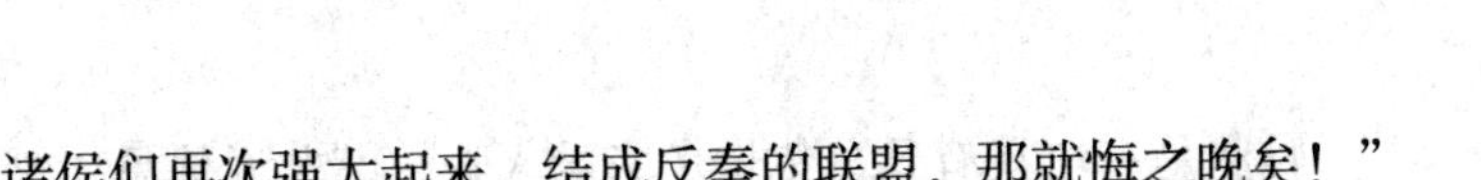



诸侯们再次强大起来，结成反秦的联盟，那就悔之晚矣！”

秦王政表示赞同：“本王正有此意，但应该从哪里下手呢？”

李斯回答：“依臣看，应先灭韩国。”

看到秦王政沉默不语，李斯继续说：“昭王时范雎就提出了远交近攻的策略，他说秦韩两国交界地带，就如同犬牙一样交错，一旦出现意外，韩国将是秦国的心腹大患，为此范雎就建议彻底消灭韩国，采纳了范雎的建议后，昭王出兵进攻了韩国并取得了生离，现在大王也可以效仿先祖，一举消灭韩国。”

秦王政在征得其他大臣，尤其是尉缭的意见后，决定先将韩国作为第一个攻打的目标。

解析来，亲王决定派使臣出使其他几个国家，以达到孤立韩国的目的，再设计骗韩王来秦国，并扣押韩王，一举灭韩。

那么，派谁去呢？

除了谋臣李斯、茅焦和尉缭外，秦王嬴政身边还有几个杰出的外交家，如姚贾、顿弱等人。姚贾是魏国大梁人，出身于社会底层，据记载，他的父亲是看管城门的小兵。俗话说，乱世出英雄，乱世带给人们痛苦，同时也给了那些有志之士、有才之人一个出人头地的环境。在当时的形势下，只要你有才能、有胆略，就有可能做出一番大事业。

姚贾是一个具有几分传奇色彩的人物，韩非说他是“梁之大盗，赵之逐臣”，意思是说，姚贾年轻的时候曾在大梁做过小偷。姚贾没有什么本事，唯一的长处是口才了得。经过一番思量，他做出了一个大胆的决定——弃盗从政，发挥自己的长处，像苏秦、张仪那样靠舌头吃饭。他先是来到赵国，四处宣传自己，吹嘘自己是当世的苏秦。

当时秦国一统天下的局势已经越来越明显，楚、魏两国濒临灭亡，齐国因秦国连年的拉拢和离间，亲秦派当政，基本不设守战之备。楚赵等四国为求自保，想联合起来对付秦国。秦王嬴政听说四国打算合纵攻秦的消息后，忙召集群臣商议对策，李斯建议把姚贾招揽过来，再让姚贾去游说各国，四国联合将不攻自破。嬴政认为李斯想得过于简单了，姚贾真有这样的本事吗？再说这样的人才哪里是想招就能招来的呢？

李斯见状，给嬴政讲了一个故事：秦昭襄王时代，有一次，韩国国库空虚，为了增加收入，韩国想出了一个办法，拍卖本国的绝色美女。当时韩国有一个美女天下闻名，诸侯王皆垂涎三尺。于是，韩国向天下公布拍卖美女的消息，谁出的价格最高，谁就能得到这个美女，但最少也要三千金，这是底价。这个价格让六国望而却步，只有强大的秦王能买得起，最终，秦昭襄王出三千金买下了这个美人。这样高的价格，其人之美可想而知。现在人们称女儿为千金，也正是由此而来。

故事到这里并未结束，韩国卖了美女确实得到了三千金，但后来秦昭襄王扬言要攻打韩国，韩国为了讨好秦国，又把三千金奉上。于是，秦昭襄王分文未花，就得到了一个绝世佳人。李斯讲完故事后，接着说道，纵横之徒如苏秦、张仪、姚贾者，皆有才无德、见利忘义。现在的姚贾，就像那位韩国美人，是在待价而沽。出的价高，谁就能得到他。而且，但凡有气节、讲道德之人，宁死也不会做盗贼，而姚贾却在大梁做过盗贼，其利欲心可想而知。因此，只要秦国肯出重金，姚贾就一定会来。等姚贾来了，再派他出使四国，不仅能破了合纵，还能让他为秦国连横。到时各国割地赔款向秦国求和，秦国得到的东西将远远大于在姚贾身上所花费的。

采纳了李斯的建议后，秦王政重用了姚贾，而派遣李斯出使韩国，诱骗韩王，但韩王避而不见，随后，李斯给韩王写了封信，信中道出了韩王这样做的后果，但无奈，韩王还是无动于衷、不受诱骗。

秦王嬴政看到计策没有成功，便决定还是用武力灭韩。

于是，公元前230年，秦始皇派内史腾率军长驱直入，俘虏了韩王安，在韩国故地设置了颍川郡（郡治在今河南禹县），韩国宣告灭亡。韩国的灭亡是秦统一战争全面展开的标志。

## 第十二章

# 巧用离间计灭赵

秦在灭韩以后，下一个想到的目标就是赵国，这是因为秦王政对赵国内心有着刻骨铭心的恨，他无法释怀曾经在赵国遭受到的那些屈辱的日子，即使当下他可以先进攻其他国家，但是他还是想立即灭掉赵国。但与韩国的弱小相比，赵国实力强多了，尤其是经过赵武灵王的一番改革，赵国可谓是精兵几十万，粮草充足。

赵武灵王第一步改革就是学习北方少数民族的“胡服骑射”传统。这一改革一提出，就遭到了贵族们的反对，他们认为中原文化源远流长，才是正统，学习少数民族的习惯，是违背民意的。

然而，赵武灵王坚持：“服装是为了做事方便而穿着的，圣人总是因地制宜，胡服骑射也是为了富国强兵，是有利于民的。”他坚持改革，取得了极大的成功。

通过《史记》的详细描述，我们看出赵武灵王推行胡服

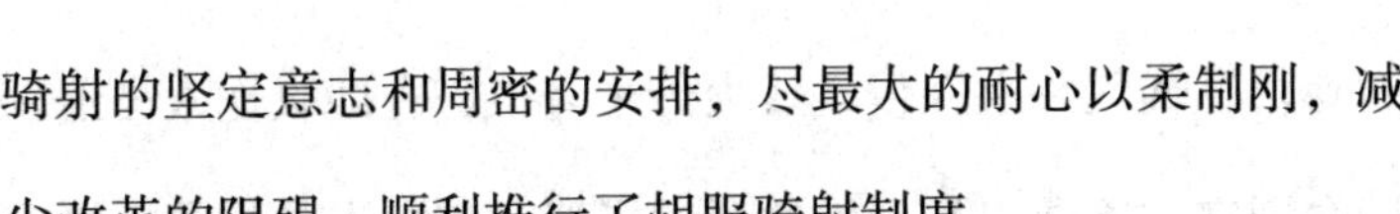

骑射的坚定意志和周密的安排，尽最大的耐心以柔制刚，减少改革的阻碍，顺利推行了胡服骑射制度。

武灵王之后，他的儿子赵惠文王也是一个有作为的国君，他重用廉颇、赵奢和蔺相如等人，让赵国保持势力强盛。而到了赵孝成王时，赵国明显在走下坡路了，尤其是起用了只会纸上谈兵的赵括，导致长平之战的惨败，大大削弱了赵国国力。

公元前230年，赵国发生了一次罕见的大地震，祸不单行，第二年赵国又闹灾荒，到处是流离失所的难民。

此时，秦王政认为攻打赵国的时机已到。那么，如何灭赵呢？秦王政召见众大臣上衣，国尉缭提出，赵国最大的威胁是老将廉颇、李牧，要攻打赵国，就要除掉这两个障碍，但不可强攻，只可智取，随后，国尉缭提出了离间计。

李牧是谁呢？

李牧，是赵国北部边境的良将，长期驻守代地雁门郡，防备匈奴。他有权根据需要设置官吏，防地内城市的租税都送入李牧的幕府，作为军队的经费。他每天宰杀几头牛犒赏士兵，教士兵练习射箭骑马，小心看守烽火台，多派侦察敌情的人员，对战士待遇优厚。订出规章说：“匈奴如果入侵，要赶快收拢人马退入营垒固守，有胆敢去捕捉敌人的

斩首。”匈奴每次入侵，烽火传来警报，立即收拢人马退入营垒固守，不敢出战。像这样过了好几年，人马物资也没有什么损失。可是匈奴却认为李牧是胆小，就连赵国守边的官兵也认为自己的主将胆小怯战。赵王责备李牧，李牧依然如故。赵王发怒，把他召回，派别人代他领兵。

此后一年多里，匈奴每次来侵犯，就出兵交战。出兵交战，屡次失利，损失伤亡众多，边境上无法耕田、放牧。赵王只好再请李牧出任。李牧闭门不出，坚持说有病。赵王就一再强使李牧出来，让他领兵。李牧说：“大王一定要用我，我还是像以前那样做，才敢奉命。”赵王答应他的要求。

李牧来到边境，还按照原来的章程。匈奴好几年都一无所获，但又始终认为李牧胆怯。边境的官兵每天得到赏赐可是无用武之地，都愿意打一仗。于是李牧就准备了精选的战车一千三百辆，精选的战马一万三千匹，敢于冲锋陷阵的勇士五万人，善射的士兵十万人，全部组织起来训练作战。同时让大批牲畜到处放牧，放牧的人民满山遍野。匈奴小股人马入侵，李牧就假装失败，故意把几千人丢弃给匈奴。单于听到这种情况，就率领大批人马入侵。李牧布下许多奇兵，张开左右两翼包抄反击敌军，大败匈奴，杀死十多万人马。灭了襜褴（chān lán），打败了东胡，收降了林胡，单于逃跑。此后十多年，匈奴不敢接近赵国边境城镇。此时的李牧正在北方抵御匈奴的入侵。

而此时的老将廉颇正在魏国，这是为何呢?

这要从赵王的宠臣郭开说起。

郭开这个人只有两个爱好，一个是权力，另一个则是钱财。为了得到这些东西，他利用赵悼襄王对自己的宠爱，获封赵国相国，搜刮民脂民膏，家中藏宝无数。郭开为了巩固朝中地位，打击忠臣，陷害贤良，做尽了坏事。

廉颇是赵国从赵惠文王时期就在的大臣，到了赵悼襄王时期，廉颇已经是重臣中的重臣，元老级别的人物了。一次宴会上，郭开被廉颇狠狠的教训了一顿，当着文武百官的面，郭开颜面尽失。这种小人十分可怕，他们表面上笑着对你，背后却握着一把刀子，也不知道什么时候就会亮出那把有着致命威胁的刀。郭开埋着头，将隐忍的怨怒之气尽藏于眼底，回到府上，他就开始计划如何除掉廉颇。

郭开分析了廉颇在朝中的地位和权势，以及廉颇如今领兵在外，将士们都信服他，万一他真的有不臣之心，拥兵自立就麻烦了。赵悼襄王最是信任郭开，立马就下令收回了廉颇的军权。廉颇被迫离开赵国，到了魏国。赵幽缪王时期，赵国群臣都希望廉颇能够回国，也是因为郭开从中阻挠，廉

颇失去了回赵国的机会，被楚国接走，成为了楚国的一个挂名将军。他终日思念赵国，希望回到赵国。

秦国在得知这些情报后，就使出离间计：用重金收买赵王的宠臣郭开，阻止廉颇回赵。

郭开又用重金贿赂宦官唐玖，唐玖来到魏国后，看望了廉颇，且有了后来“廉颇才矣，尚能饭否？”的典故。

唐玖见到廉颇以后，廉颇在他面前一顿饭吃了一斗米，十斤肉，还披甲上马，表示自己还可有用。但唐玖回来向赵王报告说：“廉将军虽然老了，但饭量还很好，可是和我坐在一起，不多时就拉了三次屎。”赵王认为廉颇老了，就没任用他，廉颇也就没再得到为国报效的机会。

在听到唐玖回报的情况后，赵王决定起用镇守北方边境的李牧。

李牧以足智多谋和骁勇善战出名，几个战斗回合下来，秦军就吃了不少亏。尉缭汇报秦王战况后，决定不和李牧正面对决，而采取智取的方法。前线的王翦接到秦王停止进攻的命令，秦王提出要与赵军谈判。

于是，秦王政派王敖来到郭开的家，叫他在赵王面前污蔑李牧有二心，正在前线奋勇杀敌的李牧接到了赵王让他交出兵权的命令，但如果现在交出兵权，赵军必败，但如果不

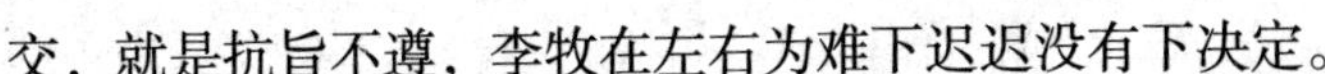

交，就是抗旨不遵，李牧在左右为难下迟迟没有下决定。

看到李牧犹豫不决的态度，郭开再次在赵王面前挑唆，称李牧早有反叛之心，并建议赵王杀了李牧，赵王应允，最后，郭开让几个心腹假传圣旨，将李牧骗出军营杀害，剩下赵葱和颜聚接管军队。

秦王嬴政闻李牧已死，命令秦军向赵军发起猛攻。赵葱匆忙出战，结果被王翦所杀，赵军全线溃败。秦军很快便杀到邯郸城下。

赵王十分恐慌，急忙召群臣商议对策。赵王儿子公子贾赵嘉与将军颜聚力主抵抗，而卖国贼郭开则力劝赵王献城投降，说如若归顺，不失封侯之位。公子贾拔剑怒斥郭开，双方相持不下，赵王无计可施。但收受巨额贿赂的郭开是铁了心要卖主卖国，他回到府中，偷偷写下一封私信，派人送到秦军大营，约定投降。

秦王听说，亲自来到邯郸督战受降。郭开送信之后，又反复劝降赵王，说只要带上赵国地图与无价之宝和氏璧去投降，保证赵王封侯。束手无策的赵王无奈之余，经不住郭开的劝说，只好与郭开私自出城前往秦营请降。公子贾与将军颜聚正在城头巡视，听说赵王已前往秦营投降，知道大势已去，便带领宗族数百人逃往代郡。

## 第十三章

# 荆轲刺秦王

秦国的将军王翦攻破赵国，俘虏赵王，占领了赵国大部分的国土，（继而）进军向北侵占土地，到达燕国南部的边界，燕国大有唇亡齿寒之感，燕国太子丹如坐针毡，在田光的推荐下，他找到了荆轲，于是，有了历史上著名的荆轲刺秦王。

太子丹是燕王喜的儿子，战国末期燕国太子。当时秦已攻灭韩、赵等国，次将及燕。燕国没有办法，只有将太子丹送到秦国做人质。在太子丹少年时期他也做过人质，那个时候他还在赵国，当时还未成为秦国的国君的嬴政，也在赵国。两个人的感情一度很融洽，但是后来太子丹又被父亲派到了秦国做人质。

中间太子丹和嬴政都分开过一段时间，这一段时期两位少年各自有着各自的命运，时隔多年以后再相见，嬴政已经成为了秦国的国君，而太子丹仍旧是一个人质，甚至他的

地位跟以前相比，一点改变都没有。再见到嬴政，他已经是高高在上的君王，而自己不过是一个燕国的太子，虽说是太子，但是自己的身份跟地位实在是太低了。久别重逢，很多话不知道该如何开口，好友之间也因为距离的原因，而变得疏远了。嬴政不再是当初那个年幼无知，与自己谈天说地的少年了，一统天下这个曾经是彼此之间的梦，在嬴政身上已经实现，而太子丹作为一个失败者，他永远只能看着高高在上的嬴政，就像现在一样，他们之间的关系不再是朋友，而是君臣甚至是敌人。

太子丹在秦国做人质的日子并不好过，因为嬴政对他的态度不是特别友好，更甚是态度极其恶劣，原本以为秦王嬴政会顾及自己和他经常如此交好的分上，一定会对太子丹善待有加，事实证明太子丹错了。嬴政与太子丹的关系早就不是少年时期的那种感情了。

于是在秦国做了一段时间的人质，燕国的太子丹便逃回了燕国，史书上记载他怨而逃归。到了后来，秦灭韩、赵后，太子丹于公元前227年，找到了荆轲，要荆轲去刺杀秦王。

而荆轲带去参加秦王的，就有从秦国逃到燕国的大将樊於期的人头，谁是樊於期呢?

樊於期原为秦国将军，后因参与嫪毐谋反。畏罪叛逃燕

国，被燕国太子丹收留。

秦王政二十年（公元前227年），秦国灭赵国以后兵至燕国南界。燕国太子丹惧怕，准备派荆轲去刺杀秦王。荆轲对太子丹说：“不用太子说，我也要见您。若去秦国，没有东西让秦王相信，是不能与秦王亲近的。樊将军，今秦王用金（古代以铜为金）千斤，邑万家的重赏捉拿樊将军，如果拿樊将军的人头和燕督亢的地图去献给秦王，秦王必然高兴地见我，我这样就可以报太子之恩。”

但燕太子丹说：“樊将军在极端困难的情况下来投奔我，我不能为了自己的私利，伤了这位长者的心，希望您替我另外想办法。”荆轲明白太子不忍心，于是就私下会见樊於期说：“秦国对待将军可以说是太残酷了，父母、家族都被杀尽。如今听说用黄金千斤、封邑万户，购买将军的首级，您打算怎么办呢？”於期仰望苍天，叹息流泪说：“我每每想到这些，就痛入骨髓，却想不出办法来！”荆轲说：“现在有一句话可以解除燕国的祸患，洗雪将军的仇恨，怎么样？”樊於期凑向前说：“怎么办？”

荆轲说：“希望得到将军的首级献给秦王，秦王一定会高兴地召见我，我左手抓住他的衣袖，右手用匕首直刺他的胸膛，那么将军的仇恨可以洗雪，而燕国被欺凌的耻辱也

可以涤除了，将军是否有这个心意呢？” 樊於期脱掉一边衣袖，露出臂膀，一只手紧紧握住另一只手腕，走近荆轲说：“这是我日日夜夜切齿碎心的仇恨，今天才听到您的教诲！”于是就自刎了。

太子丹听到这个消息，驾车奔驰前往，趴在尸体上痛哭，极其悲哀，可已经没法挽回，于是就把樊於期的首级装到匣子里，密封起来。

当时太子丹已预先寻找天下最锋利的匕首，找到赵国人徐夫人的匕首，花了百金买下它，让工匠用毒水淬它，用人试验，只要见一丝儿血，没有不立刻毙命的。于是就准备行装，送荆轲出发。

燕国有个勇士秦武阳，十二岁的时候就杀过人，人们不敢同他正眼相看，于是叫秦武阳做助手。

荆轲等待着一个人，想同他一起去。那个人住得很远，没有来，因而停下等候他。

过了一阵还没动身，太子丹嫌荆轲走晚了，怀疑他有改变初衷和后悔的念头，就又请求他说：“日子已经不多了，您难道没有动身的意思吗？请允许我先遣发秦武阳！”荆轲发怒，呵斥太子说：“今天去了而不能好好回来复命的，那是没有用的人！现在光拿着一把匕首进入不可意料的秦国，

我之所以停留下来，是因为等待我的客人好同他一起走。现在太子嫌我走晚了，请允许我告别吧！”于是出发了。

太子丹知道此事不易，都穿着白衣，戴着白帽给他送行。到易水边上，祭过路神，就要上路。高渐离敲着筑，荆轲和着节拍唱歌，发出变徵的声音，众宾客都流着眼泪小声地哭。荆轲又上前作歌唱道：“风萧萧兮易水寒，壮士一去兮不复还！”众宾客都睁大了眼睛，头发都向上竖起顶住了帽子，一派肃然，于是荆轲就上车离去，始终不曾回头看一眼。

到达秦国后，荆轲拿着价值千金的礼物，优厚地赠送给秦王的宠臣中庶子蒙嘉。

蒙嘉替他事先向秦王进言，说：“燕王确实非常惧怕大王的威势，不敢出兵来抗拒，愿意全国上下都做秦国的臣民，排在诸侯的行列里（意为：燕国愿意同别的诸侯一起尊秦王为天子）像秦国的郡县那样贡纳赋税，希望能守住祖先的宗庙。他们诚惶诚恐，不敢自己来陈述，恭谨地砍下樊於期的头颅和献上燕国督亢一带的地图，用盒子封好，燕王在朝廷上行跪拜大礼送出来，派使者来禀告大王。一切听凭大王吩咐。”

秦王听了蒙嘉的话，非常高兴。于是穿了上朝的礼服，

安排下隆重的九宾大礼仪式，在咸阳宫接见燕国的使者。

荆轲捧着装了樊於期头颅的盒子，秦武阳捧着地图匣子，按次序进宫。到达殿前的台阶下，秦武阳脸色都变了，十分害怕，秦国的群臣对此感到奇怪。荆轲回过头来对秦武阳笑了笑，上前替他向秦王谢罪说：“北方蛮夷地区的野蛮人，没有拜见过天子，所以害怕，希望大王稍微原谅他些，让他在大王的面前完成他的使命。”秦王对荆轲说：“起来，取来武阳所拿的地图！”

荆轲拿了地图捧送给秦王，打开地图，地图全部打开，匕首就露了出来。于是荆轲左手抓住秦王的衣袖，右手拿着匕首刺秦王。还没有刺到秦王的身上，秦王非常惊骇，自己挣扎着站起来，扯断袖子。秦王拔剑，剑太长，就握住剑鞘。当时情况十分危急，剑插得很紧，所以不能立即拔出来。

荆轲追逐秦王，秦王绕着柱子跑。秦国在殿上的臣子们都被惊吓到了，事情突然发生，意料不到，大家都失去了常态。按照秦国的法律，在殿上侍奉的臣子们，不能带兵器；那些持有武器的侍卫，都在宫殿的台阶下面列队站好，没有君王的命令不能上殿。当危急的时候，来不及召唤阶下的侍卫，因此导致荆轲追逐秦王，秦王仓促间惊惶失措，拔不出剑来击杀荆轲，只能空手与荆轲搏斗。

这时，秦王的随从医官夏无且（jū）用他手里捧着的药袋投击荆轲。秦王还正在绕着柱子跑，仓促间惊惶失措，不知道怎么办。侍臣们就说："大王负剑于背！""大王负剑于背！"秦王于是拔出剑用来攻击荆轲，砍断了荆轲的左大腿。荆轲倒下了，就举起他的匕首投击秦王，没有击中，击中了柱子。秦王又砍击荆轲，荆轲被砍伤了八处。

荆轲自己知道事情不能成功了，靠着柱子笑着，像簸箕一样地张开两腿坐在地上，骂道："事情没有成功的原因是想活生生地劫持你，一定要得到约契来回报燕太子啊！"

秦王的侍臣上前，斩杀荆轲。事后，秦王还头昏眼花了好长一段时间。

荆轲刺秦王失败后，秦军直逼燕国境内，太子丹被逼自刎于辽宁本溪古洐水河畔，后来为纪念太子丹洐水改名为太子河。

## 第十四章

# 水灌大梁

秦国在灭掉韩赵两国以后，第三步的目标就是魏国，因为它是秦军南下路上的最大阻碍。

魏国的领土包括现时山西南部，河南北部，陕西、河北等部分地区，西邻秦国，东隔淮水、颍水与齐国和宋国相邻，西南与韩国交界，南面有鸿沟与楚国接壤，北面则有赵国。当时的魏国由于地处中央四战之地，忧患的环境使魏文侯成为最早推行了变法的君主，变法的推行让魏国最先进入了封建社会。魏国在战国初期拥有山西南部和河南中北部，是当时最发达的农业区，土壤肥沃、人口众多，中原的主要民族都聚居于此，是中华民族的发源地，比起秦国的八百里秦川和四川盆地要肥沃的多。军事方面，魏国拥有精良的装备和强大的军队，曾打败过很多个国家，但最后又是如何被秦国统一兼并的呢？

魏国曾是实力最强的国家，选择对秦国进行扩张之后，

仅攻占了六百多里地就自以为满足了，没有一个长远的发展战略，最后让秦国又恢复了国力，魏国其实有很多的人才，最终因为没有重视人才，却是给别人做嫁衣，人才都流失到了秦国，为秦国做了贡献，如商鞅、张仪、范雎等人，也都是他们出谋划策才导致了魏国的覆灭。魏国的变法对魏国虽有一些影响，但影响都不大，所以魏国并没有很大程度的进步，而秦国后来的商鞅变法，使秦国很大程度的加速了封建化进程，超过了魏国。

虽然魏国变法最早，但力度不大，虽盛产人才，但却不重用人才，地理位置优越却不作长远的战略规划，军事很强大，但没能好好利用，也不重视骑兵，所以导致七雄最厉害的一个国家就这样秦国灭掉了，失去了最开始拥有的一统天下的机遇。

春秋末年三家分晋之时，韩、赵、魏三家之中势力较强的是赵国。三晋初期，魏国首强，魏国的第一位国君是魏文侯，在位五十年。魏文侯于战国初年在“七雄”之中率先实行社会改革，重用士阶层出身的翟璜、李悝、吴起、西门豹乐羊等一大批文臣武将，开创了战国时期的变法运动，使魏国成为战国初年最为强盛的国家。魏文侯死后，其子魏武侯继位。魏武侯听信王错的谗言，解除了吴起的西河守职务，

使魏国的智能之士寒心而纷纷离去，魏国在对秦战争中屡屡失利。

魏武侯死后魏惠王继位。魏惠王即位后迁都大梁，兴修水利而开凿鸿沟，开创选拔“武卒”的制度，礼贤下士，令惠施制定法令，在魏国再度实行社会改革，魏国国势曾一度复强。然而魏惠王在位后期，魏国在同齐国的桂陵、马陵两次大战中惨遭失败，魏国的军事实力大损，再也无法恢复它的元气了。秦魏经常攻守相防，先是魏因变法改革而强大，屡屡侵占秦国土地但后来自秦孝公变法以来，秦国强大起来，不仅夺回了魏曾经占领的土地还攻城略地，攻下了魏国许多土地和城市，形势对魏十分不利。秦国逐渐强大起来，魏国一步步萎缩下去。特别秦王政亲政后，国力更强，不仅使赵韩军事实力受到重创，而且使魏国慑于政威，不断向秦割地求和，苟且偷生。

在秦国歼灭六国的时间表上，魏国之所以名列第四，是因为韩国处于天下之咽喉，秦军大举东进扫平六国，不能不首先灭韩；赵国是秦国兼并山东六国的主要障碍，当其军事实力受到重创后，不可不乘势一举灭之；赵国破亡后秦军已抵达燕国边境，不可不乘势一鼓而下，况且荆轲刺秦王的插曲，更使得秦王政不允许燕国再继续存在下去；韩、赵、燕

破亡之后，秦军再攻取魏国，已是水到渠成之举。秦王政深知魏国在军事上已无力同秦军抗衡，而灭亡魏国又有利于集中全力来歼灭山东六国中的另一个军事强国——楚，以便在对楚的军事行动时不再有后顾之忧。

公元前225年，当秦军攻克燕都蓟城准备集中兵力攻打楚国的时候，秦王嬴政似乎才想起中原还有一个小小的魏国没有被消灭，便命令小将王贲率领一支军队直奔魏都大梁，力求一战成功，彻底把魏国从地图上抹掉。

王贲乃大将军王翦的儿子，年未弱冠，血气方刚。他少时即好读兵法韬略，刚能骑得马射得箭时便跟随父亲驰骋疆场，曾随军伐燕，也曾单独领兵击楚，头角峥嵘，锋芒渐露，迅速磨炼成长为一位年轻果敢、智勇双全的小将军。他指挥军队将大梁城团团包围之后，却不急于发动进攻，而是首先与幕府一群裨将和参谋人员沿城走了一圈，仔细踏勘周围地形城势，商讨筹划一战而胜的进攻策略。

大梁是魏国的都城，是一个有着一百三十多年历史的都城。魏都从安邑迁到大梁，经过数代魏王的苦心经营，已经是一座异常坚固的军事堡垒，城高十仞，池深数丈，箭垛林立，易守难政。《战国策·魏策三》中记载："（大梁）以三十万之众，守十仞之城，臣以为虽汤、武复生，弗易攻

也。”（魏人须贾语）韩赵相继灭亡后，魏王假寝食难安，担心秦国马上攻到魏国。然而秦国给魏国暂时歇了一口气，攻打燕国去了。这期间，魏王假派精壮人士日夜加固大梁城墙，挖深护城河，各个城门派重兵把守，以为这样大梁城就固若金汤了，秦军奈何它不得。

岂不知，魏王假百密一疏，恰恰忘记了大梁城守一个致命的弱点，即地势低下，最容易遭受黄河水淹，正好犯了兵法上的大忌。滚滚东去的黄河水从城北流过堤防高筑，惊涛拍岸；源于荥阳的汴河从城南流过，水势浩大，可行舟船。大梁城夹在二水之中，且比堤防低出许多，若堤防溃决，必遭灭顶之灾。

早在魏王假的祖父魏安釐王在位期间，熟知兵法的信陵君无忌就曾警告说假若秦军以水为兵，“决荥泽水（即汴河）灌大梁，大梁必亡”。可惜昏庸的魏王假自作聪明，只顾加高墙垣，龟缩城内，一心固守，却偏偏忘记了大梁的致命弱点和信陵君的早年警告！当秦王派大将王贲来攻打大梁时，秦军已接连灭了韩、赵、燕，士气正盛，而被围困在大梁城中的魏国军民，则处于孤立无援士气低落的境地。又时值天降大雨，连日不绝。

当王贲来到魏国，观察了大梁的地势后，看到了滚滚

黄河水时，便很快心生一计，说：“要破大梁城池，只一个‘水’字便可！”回到军营，王贲立刻着手部署，兵分三路：一路继续攻城；一路登上黄河大堤，挖掘堤防，开凿水渠通到大梁城脚下；一路进至汴河上游，壅堤拦坝，阻塞下流。工程很快竣工，渠一修好，王贲就派人两处决堤放水。只见黄河之水挟着滚滚怒涛倾泻而下直冲北城，汴河之水也腾起数丈巨浪，汹涌而至扑向南城。刹那间城外田园村舍尽成泽国，一片汪洋，水高几与城齐。满城军士百姓顿时慌作一团，魏王假也吓得魂不附体，又无可奈何，只能一面下令用土壤沙袋填塞城门，加高城墙，一面在宫中燃起高香，乞求祖宗神灵保佑。

想那大梁城垣也不过是砖石泥土筑就，怎经得起滔天洪水长时间冲击浸泡？一个月之后的一天，只听得“轰隆隆”一阵巨响，北城墙首先倒塌多处，激起漫天泥尘水雾。几乎就在同时，南城墙也挣扎摇晃了几下，轰然崩溃。两河之水势如狂龙巨魔一般冲入城内，摧房倾屋，横扫一切，满城惨叫哭号之声此伏彼起，不知有多少百姓军士被淹没毙命。紧接着秦军乘着木排斗船手持长戈大戟杀进城来，逢人便是一阵砍杀，不一会儿满城即到处翻腾着血水肉浆，浮尸累累。魏王假和文武百官及嫔妃宫娥幸亏有宫墙围护，不致淹毙水

中，但也成为瓮中之鳖，个个被秦军生擒活捉，押到城外王贲帐前，王贲下令将其全部打入囚车，即日解送咸阳，向秦王政献俘报捷。

此战秦军在王贲带领下，利用了水的优势，损伤无几，但却使百年繁华的大梁城在顷刻间消失于历史舞台，城中死伤一片，伤者达数十万，变房屋庐舍大都荡然无存。王贲将幸存下来的百姓全部迁入秦国统治腹地关中丰地（今陕西省临潼县境内），将魏国旧地并入三川郡和东郡。在不伤一兵一卒的情况下，秦将王贲以水灌大梁城的方式实现了秦灭六国的第四个战略目标。秦王政这次攻魏的战役，是一次相当漂亮的战役，因为它利用了地利的有利形势，而王贲的军事才能也在这次战役中充分显现出来。这下，秦王政更是神采飞扬了，他已实现了统一六国的前四个目标，实力大增，士气大长，而他统一的心就更迫切，剩下的楚、齐已成末日羔羊，拔掉他们没有问题。

# 第十五章

# 最为艰难的灭楚之战

在灭掉了魏国之后，秦国接下来就把战略重点转移到了南方的荆楚地带，因此，秦国下一个攻击的目标就锁定了楚国，但攻楚之战可谓甚是艰难。

在历史上的秦灭六国之中，诸如燕、韩、齐等国的覆灭，可以说是不费吹灰之力。但在山东六国中，却有这样一个存在，为了灭掉这个诸侯国，秦国甚至为此动用了全国的兵力，进行征讨，这个诸侯国便是南方的楚国。当时，在秦灭六国之战中，楚国可以说是秦军最为难啃的一块骨头。不同于灭韩之战，秦军一到抵抗便彻底地土崩瓦解。秦国为了能够灭楚国，更是命王翦率领全国的军队进行征讨。可即便如此，双方却一度形成了僵持的局面。并且在攻灭楚国主力之后，秦军还用了相当长的时间，才做到彻底攻灭楚国。那么，秦灭六国的过程中，为何灭楚之战最为艰难？

其实，楚国在战国早期时也曾有过变法活动，变法由

从魏国前来楚国的吴起发起。春秋时期，奴隶制刚刚开始瓦解；战国时，奴隶制的土地国有制已经大部分被封建土地私有制所取代，促使新兴地主阶级在政治和经济势力更加壮大，地主阶级力量增强，与原来奴隶主贵族顽固势力的矛盾越来越深。

吴起变法是在春秋后期地主阶级取得夺权斗争胜利的基础上进行的。

楚国地广人众，能够调集百万大军，在战国七雄中是一支举足轻重的力量。由于政治腐败、经济落后，国力一直萎靡不振。

楚悼王继位后，连年遭到魏、赵、韩等国的进攻，不断丧失土地。在极其窘迫的形势下，楚悼王不得不用重礼贿赂秦国，在秦国的帮助下才和魏、赵、韩讲和。

面对这种内外交困的形势，楚悼王很想有一番作为，但苦于缺乏变法图强的真正人才和支持者。

吴起来到楚国，为楚悼王分析楚国的弊端，并指出要扭转这种局面，只有“明法审令”，尽快变法革新。对吴起分析的种种弊端，楚悼王深有感触，于是任命吴起为宛守，防御韩、魏。一年以后，晋升为令尹，主持变法。

吴起变法，符合楚国国情，旨在富国强兵。

任用贤能，打击了楚国大贵族既得的政治经济利益，遭到大贵族的激烈反对，是一次打击世袭贵族政治经济特权的运动。

吴起变法虽然失败，但变法却在楚国贵族政治中激起了巨大的波澜。

然而，楚国到了楚怀王时却不断败落，因为楚怀王是一位昏君，他在战略决策上一再失误，导致了楚国的实力一再被削弱。

当时齐楚两国联合抗秦，且取得了一定的成效，但楚怀王受到了来自秦国张仪的贿赂出卖了齐国，遂与齐国断交，谁料后续张仪并没有兑现自己的诺言，被激怒的楚怀王决定与秦国交战。

秦楚第一次交战，楚国大败，两员大将被俘虏，还被剥夺了六百里土地，楚国的汉中郡从此纳入了秦国的版图。楚怀王恼羞成怒，竟然鲁莽地调动了全国军队与秦国交战，结果再次失败，实力大不如前。

公元前299年，秦国攻占了楚国八座城池，秦昭襄王约怀王在武关会面。怀王不听昭睢、屈原劝告，决定前往武关，结果被秦国扣留。秦王逼迫他割地保命，被仍肩负国家责任感的楚怀王严词拒绝。秦无法达成挟持楚怀王轻松拿到楚国领地的夙愿，无奈下只能一直囚禁楚怀王。怀王被扣留期间，楚人立太子为王，是为楚顷襄王。

公元前297年，楚怀王逃走，秦人封锁通往楚地的道路。怀王逃到赵境，赵国不敢收留他，怀王企图逃往魏国，但被秦国追兵捉回。

公元前296年，楚怀王忧郁成疾，命丧咸阳。

至此，楚国的疆域大大缩小了，国势也今非昔比，且后来在春申君专政时期，楚国遭遇内乱，国力更加衰落。

秦王政认为攻打楚国的时机已到，他召来老将王翦和将军李信一起商议新的作战计划，老将王翦认为楚国地大物博，攻打楚国最少需要六十万兵力，而骄傲的李信则认为只需要二十万。

秦王采纳了李信的建议，命令李信和蒙恬将军各率领十万兵马，分两路出击，同时向楚国推进，捉拿楚王。

李斯后来出言阻拦，劝说道："楚国虽然日渐衰落，但是多年来一直拥有除巴蜀以外的大部分南方地区，那里到处是鱼米之乡，物产相当丰富，经济基础十分雄厚。因此，消灭楚国并不是件容易的事。"而秦王政因为已经成功拿下四国，自是春风得意，不听李斯建议，一意孤行。就这样，秦王嬴政派李信与蒙恬各率十万人马同时向南进攻楚国。李信

攻打平舆，蒙恬攻打寝城，全都大败楚军。

随后，李信又趁势拿下郢城、鄂（è）城，一路上势如破竹，李信在不知不觉间开始骄傲起来，准备直捣寿春，其部将劝说不可太过轻敌，但李信根本听不进去意见，遂率领着十万大军分作三路行进在崎岖的山地上，远远地已经能望见城父的城墙了。

前面有人飞马来报：前面的城父空无一人，楚军早已撤走，蒙恬将军的先遣人员也已抵达城父，不过大队人马还在六十里之外，正在向这里前进。

李信下了马，巡视着在山区里艰难行走的兵士们。

此时，有部下问询晚上在哪里安营扎寨："将军，今晚我们在哪里扎营？是进城还是在城外？"

"一部分军队进城，一部分军队在城外扎营，这样更便于警戒。"

"末将现在就传令下去，就地筑壁扎营。"副将秦胜说完转身要走。

李信叫住了他："现在方圆百里之内见不到敌军的踪迹，我们部队近日行军劳累，而且明天天一亮就进城，就不必再筑壁了。"

秦军的军法规定，军队休息宿营，哪怕是只停留几个小

时，也要伐木筑壁，设置障碍物，以防止敌人偷袭。

秦胜原本还想再劝说几句，但是看到如此自信满满的李信，也不再多言了。

然而，当将士们睡到半夜时，突然听到号角声四起，喊杀声震天，漫山遍野，杀出无数的楚军，这些人全部头戴黑布，手臂上缠着一块白布，在与秦军的交战中表现十分勇猛，从睡梦中惊醒的秦军发现自己中计了，殊死抵抗，但很明显，楚军是有备而来，秦军是仓促应战。很快，秦军就丧失了抵抗力，只好奋力突围，但又遭到楚军埋伏，经过一夜的抵抗后，秦军只剩下三万人，退守到山上，等待蒙恬的部队来救援。

然而，此时在三十里外的蒙恬部队也遭到了楚军的伏击，经过一天一夜的艰苦抵抗，终于冲出包围。探子来报后，他们才知道前方秦军的情况，正向城父这里赶来准备援助。

原来，楚军将领是项燕，这支军队虽然只有五万人，但个个是精兵强将，他们一路尾随李信的军队，并且，他们比中原的秦军更熟悉楚地地形，选择在附近的山上埋伏起来，等到李信大军进城休息下来，他们就伺机偷袭。

逃到山上的李信大军被困住了，他们没有水源，还要饱受日晒雨淋的煎熬，到了晚上，更要防备楚军的袭击，几天

下来就苦不堪言。

就这样，两军僵持了三天三夜，山顶的秦军只剩下1万多人了。

当蒙恬大军赶到时，发现楚军并不在，几万大军好像一下子人间蒸发了一样，蒙恬率领部下进驻城父，十万人只剩下不到七万；而李信率领的十万大军，到这时只剩下几千人了，十名副将战死了七个。

李信反思过后，自知导致战事失败的原因在于自己骄傲自满、轻敌大意了，看到自己手下一个个惨死的将士，内心悔不当初，于是，当天晚上，他就拔剑自刎了。

很快，李信大军惨败的消息传到了咸阳城，无论是秦王政还是一众大臣都不敢信，要知道，数十万的秦军所剩无几，大部分将领也都战死。

秦王政痛定思痛，开始寻找秦楚大战失败的原因，他发现自己是太轻敌了，尤其是在灭赵之后。他认为天下统一已经是大势所趋，楚国也是自己的囊中之物，在军队开拔前，老将王翦提出需要六十万大军攻楚，他还认为王翦太过保守，如今看来是自己太小看楚国了。

这样一想，嬴政又想到了王翦，平心而论，秦王政一直认为王翦在用兵上过于沉稳和保守，但是王翦的这种沉稳正

是战场上不得不遵守的正道。自古以来，战场从来就是双方大军为国家而一决胜负的斗争，这才是战争的根本。也正是如此，平淡而稳妥的胜利看似缺少才华，实际上才是最大的才华。而错用李信，恰恰是秦王嬴政忘记了战争的本质了。

但事到如今，嬴政不得不重新起用王翦了，整个朝堂之上也只有王翦能够担此重任。更为重要的是，对楚作战必不能停，因为一旦秦军示弱，燕、赵、魏甚至是韩的那些老世族们很可能就会借机行动，到时候秦国将陷入无边战斗中，甚至可能断送这么多年的辛苦努力。继续对楚用兵，既是战略需要，同样也是政治需要。只要大军还在开动，就能够从很大程度上压制那些潜在的反叛力量。所以，秦军必须要继续对楚作战，而统兵之将也只能是王翦。

嬴政并非一个知错不改的人，在面对这种危机的时刻，他亲自来到王翦的老家频阳，面带愧色向王翦道歉："寡人没有能够采用将军的计谋，错用李信导致秦军受辱，听说楚军正从东向西扑过来，老将军虽然身体欠安，但怎么能弃寡人和整个秦国不顾呢？"

秦王能够亲自前来，王翦心中已经明白了大半。但是他毕竟是以病归辞，只好客气说道："我现在已经年迈多病，经常胡言乱语，还是请大王另行选择良将吧。"嬴政当然明

白这只是王翦的托词，于是非常诚恳地说：“以前的事情就让它过去吧，老将军就不要再讲了。”

王翦并不是一个愚笨的人，见秦王一再向自己赔礼道歉，此外，这也是关系到秦国命运的时刻，他绝不会有任何的推托。他再次郑重地向秦王提出了自己领兵的条件：“如果大王信任我，一定要我出征的话，那么就请给我六十万大军。”

这一次，秦王政很爽地答应了王翦的请求。

在嬴政和李斯的全力协调下，六十万大军终于齐集，准备向南行军。在出行的那一天，秦王嬴政率领着李斯等重臣来到灞上为王翦送行。在饯行的酒宴上，王翦向秦王提出了一个要求，那就是请求秦王赐予他一些良田和宅院。嬴政笑着说：“老将军放心打仗就是了，不至于当真担心自己的贫穷吧。”王翦认真地说：“我这不是为自己考虑，而是为了我的子孙后代。”嬴政听完后哈哈大笑，很快就答应了王翦的请求。

当大军行至函谷关的时候，王翦吩咐中军司马再次上书，希望秦王再次赏赐足够五辈分耕的田产。当时就有人说：“将军向秦王请赏如同乞丐一样，这样做不觉得过分吗？”王翦说：“并不是这个样子的，我现在率领着秦国所有的军队远征，朝野和天下的人对此必然有议论，这不是秦

王所能左右的。我屡次索要田产，是希望秦王知道我所惧怕的是什么东西。”果不其然，当王翦的上书送到咸阳以后，嬴政很快就下令：任何人不能擅自议论王翦灭楚事宜，违令者斩。

旬日之后，大队人马到达了楚国边境，王翦第一次召开灭楚的军事会议。王翦用剑鞘指点着楚国的地图说道：“楚是天下的大国，要想灭掉楚国，则必须杜绝骄躁之心，用对待赵国那样的态度来对待楚国。我认为灭楚的方略并不难，就是不轻易出兵，不苛求奇兵异阵，全军正面推进，一城一池地占领，直到占领楚国的都城，全歼楚国主力为止。如果楚军能够与我进行一城一池的争夺，这是再好不过的现象。如果楚军再度放弃一些地方，那我军就兵分两部：主力继续向前追击，寻找与楚军主力决战的机会；另外一部则一城一池整肃城防，巩固我军后方，争取占领一地，就让其成为我国土地，全力压缩楚军的生存空间。”

诸将听到这样的布置，均表示同意。这种简单而又扎实可行的方略依然是王翦的风格。后王翦一鼓作气大破楚军，逼死项燕，灭了楚国。统一六国后，王翦因军功卓著封武成侯。他的谋略和智慧不但让自己得以善终，更惠及子孙后代。

# 第十六章

# 不战降齐

秦国在灭了五国后，只剩下齐国了，齐国作为少有的曾经能与秦国相抗衡的大国之一，与秦王同时称帝东西相望，但却在秦统一天下时不战而降，这是为何呢？

齐国是周武王灭商后分封的诸侯国，开国之君是姜尚（又称姜太公、姜子牙），春秋五霸之首的齐桓公便是他的后代。不过，自桓公病死后，齐国便丢失霸主地位，此后长期陷入混乱、衰落当中，最终在前391年被权臣田和篡位，齐国由此进入到“田氏齐国”时代（公元前391—公元前221年）。

战国初期，齐威王在大将邹忌的帮助下，在齐国实施了一系列变法运动，劝说威王奖励群臣吏民进谏，主张修订法律，监督官吏，严明赏罚，并选荐得力大臣坚守四境。曾献计围魏救赵，取得桂陵（今河南长垣西北）之战的胜利。

邹忌推行的改革，使齐国国力渐强。邹忌还以相貌著称，品德也十分的受人夸赞。

齐国任用邹忌进行改革，和韩国任用申不害进行变法、秦国任用商鞅进行变法，几乎是同时的。

对于国君，“请谨毋离前”“请谨事左右”；对于人民，“请自附于万民”；对于臣下，“请谨择君子，毋杂小人其间”，“请谨修法律而督奸吏”（《史记·田仲敬完世家》）。

这些主张顺从国君行事，主张选择“君子”担任官吏而防止“小人”混杂，主张修订法律而监督清除奸吏，都是法家的政策。

经过变法，齐国强大起来，在齐湣王田地时代（公元前301—公元前284年），齐国达到实力的巅峰期。齐湣王即位后，凭借着祖先给他留下的殷实“家底”，频繁对外扩张，在近20年的时间里，大破秦燕、遏制楚魏、消灭桀宋，一时间称霸天下，并有取代周天子做“天下共主”的意愿。

公元前288年，齐国和秦国的君主同时称帝，齐为东帝，秦为西帝，齐国的声望达到了顶峰，是东方可以和秦国相抗衡的一个大国。然而齐愍王继位以后，率领大军灭了宋国这一举动太过冒进，为日后的祸患埋下了祸根。

齐国的强盛和齐湣王的勃勃野心，引起其他诸侯国的警惕和恐惧，在这种情况下，由燕国纠结的五国伐齐同盟（燕、

赵、秦、魏、韩）很快便成立。公元前284年，燕国大将乐毅率五国联军攻齐，一举攻克其都城临淄及其他七十余座城池，仅有莒城、即墨未能攻取。齐滑王战败后逃奔莒城，但因为得罪前来援助的楚国将领淖齿，很快便被残忍杀害。

齐滑王遇害后，大臣王孙贾起兵诛杀淖齿，随后拥立太子田法章为王，是为齐襄王。齐襄王在莒城居住四年后（公元前279年），即墨主帅田单利用"火牛阵"大破燕军，随后收复全部沦陷的国土，并将齐襄王迎回临淄。经过一系列的大变动，齐国虽然实现中兴，但国力却严重衰退，不得已采取休养生息、保境安民的政策，再不肯、不敢对外用兵。

再说秦国，秦国对待诸侯国的政策一直是远交近攻，也就是笼络齐国，攻打临近的赵、韩、魏。齐国和秦国一直是盟国，再加上韩赵、魏、燕曾经攻打齐国。所以，在秦国统一的过程中，齐国也没有和其他诸侯国联合来反抗秦国。

在这个过程中，秦国通过侵略其他五国获得了巨大的战争利益，而齐国却没什么作为，反倒因为君王不作为使国力下降，此消彼长之下，齐国远比不上秦国国力！

秦国为了永久分化山东六国，使齐国在战争中保持中立，他果断地用重金收买后胜和齐国使者，让他们给田建不停地大灌特灌"秦齐友好、互助互利"的迷魂汤。不仅如

此，嬴政还盛情邀请田建访问秦国，在把酒言欢的同时，还与对方签订《秦齐互不侵犯条约》，信誓旦旦地宣称要让两国的友好关系世代永存。

末代君主田建也是一位不作为的君王，在他当政期间，齐国的大权一直由其母亲君王后掌控。秦国攻打赵国的时候，曾经向齐国借粮，但被田建拒绝，赵军最终在长平之战中大败。公元前249年，君王后逝世，田建便愈发不作为了。

田建任命自己的舅舅后胜为宰相，可后胜却是秦国的爪牙，接受了很多秦国的贿赂。最终，在后胜的游说下，田建放弃了合纵攻秦的打算，在秦灭其他五国的过程中，一直袖手旁观，并没有伸出援手。

在齐国内外一致鼓吹“秦齐友好”的浓厚氛围下，飘飘然、昏昏然的田建果然上套，不但拒绝支援邻国的抗秦事业，而且秦国每兼并一国，他都会派使者前往咸阳庆贺，丝毫体会不到“唇亡齿寒”的道理。更糟的是，在四十余年的时间里，安于享乐的田建严重疏忽军事建设，以至于兵不习战、士气涣散的现象非常严重。

然而等到山东五国依次被吞并，由王贲率领的秦国大军囤积到齐国边境时，田建方才察觉到亡国的危险。为此，田建急命后胜发兵守卫西部边界，并断绝和秦国的往来，然而

还没等到后胜到达边境，王贲便已率大军攻入齐国境内。由于齐国军民久不习战，面对着如狼似虎一般闯进来的秦军，竟然没有几个人敢于抵抗。

结果，王贲几乎不费吹灰之力，便攻占临淄、俘虏齐王田建，时在前221年。至此，齐国灭亡，秦国完成对天下的统一。田建投降后，全家被安置于共地，居处在原生态的松柏林间，无人供给衣服食物，最终饥寒交迫，全部饿死此地。至于卖国求荣的后胜，最终也没落得好下场，被嬴政下令处死。

总结一下，齐国对秦国不战而降的原因，一是经过五国伐齐，齐国国力下降，没有实力去抵抗秦国。二是齐国在连横合纵中选择错误，没有联合其他五国抵抗秦国，反而和秦国交好。三是齐国末代君王无能，近臣还被收买，不断促成齐国投降秦国，最终导致齐国不战而降，东方六国被秦国团灭，秦国一统天下。

## 第十七章

# 议立帝号

秦王嬴政自公元前230年公元前221年，先后灭韩、赵、魏、楚、燕、齐六国，完成了统一中国的大业，建立起第一个以早期汉族为主体的强大秦汉多民族统一的大帝国——秦朝。定都咸阳，并创立了一套专制主义的中央集权制度。

公元前221年，秦国最后灭齐国，秦王朝建立。在此之前，秦国一直处于与六国并立的状态，而在秦国统一六国（齐国、楚国、燕国、韩国、赵国、魏国），秦王朝建立之后，秦国自然由原先狭小的地带迁至更为广阔繁华交通便利的地带，即由甘肃陕西一带逐步发展为中原以西全为秦王朝。

公元前221年，秦一统天下后，秦王嬴政坐在咸阳宫的大殿上，他在大殿上说："异日韩王纳地效玺，请为藩臣，已而倍约，与赵、魏合从畔秦，故兴兵诛之，虏其王。寡人以为善，庶几息兵革。赵王使其相李牧来约盟，故归其质子。已而倍盟，反我太原，故兴兵诛之，得其王。赵公子

嘉乃自立为代王，故举兵击灭之。魏王始约服入秦，已而与韩、赵谋袭秦，秦兵吏诛，遂破之。荆王献青阳以西，已而畔约，击我南郡，故发兵诛，得其王，遂定其荆地。燕王昏乱，其太子丹乃阴令荆轲为贼，兵吏诛，灭其国。齐王用后胜计，绝秦使，欲为乱，兵吏诛，虏其王，平齐地。寡人以眇眇之身，兴兵诛暴乱，赖宗庙之灵，六王咸伏其辜，天下大定。今名号不更，无以称成功，传后世。其议帝号。”

丞相绾、御史大夫劫、廷尉斯等皆曰：“昔者五帝地方千里，其外侯服夷服，诸侯或朝或否，天子不能制。今陛下兴义兵，诛残贼，平定天下，海内为郡县，法令由一统，自上古以来未尝有，五帝所不及。臣等谨与博士议曰：‘古有天皇，有地皇，有泰皇，泰皇最贵。’臣等昧死上尊号，王为‘泰皇’。命为‘制’，令为‘诏’，天子自称曰‘朕’。”王曰：“去‘泰’，著‘皇’，采上古‘帝’位号，号曰‘皇帝’。他如议。”制曰：“可。”追尊庄襄王为太上皇。制曰：“朕闻太古有号毋谥，中古有号，死而以行为谥。如此，则子议父，臣议君也，甚无谓，朕弗取焉。自今已来，除谥法。朕为始皇帝。后世以计数，二世三世至于万世，传之无穷。”

这段话的意思是他之所以踏平六国，是因为自己是正义

之师，六国皆背信弃义，且自己是凭一己之力一统天下，当务之急是讨论他的帝号问题，以此彰显自己的伟大功绩，为后人敬仰。

“帝”字始见于商代甲骨文及商代金文，其古字形模拟架木或束木焚烧以祭天，是“禘”的初文；一说其古字形像花蒂，是“蒂”的初文。帝的基本义是天帝、上帝，亦可指先王，周代以后战国以前亦可专指道德修养和功德很大很高的人，秦以后成为“皇帝”简称。

在接到命令后，丞相王绾、御史大夫冯劫、廷尉李斯等大臣聚在一起商议，众人绞尽脑汁，总算商议出一个结果，他们称：过去五帝的时候，土地前来，但是各诸侯国的人时而臣服、时而叛乱，朝廷根本无法管控他们，现在陛下除叛乱、诛逆贼，使四海统一，这是自古以来的创举，自古以来有“天皇”“地皇”“泰皇”，我们一致认为陛下可以称为“泰皇”，陛下的命令称为“制”，下发的文告应称为“诏”，陛下应自称“朕”，陛下的大印则可称为“玺”。

对于这样的建议，秦王嬴政并不满意，他认为大臣们似乎并没有领略他话里的含义，他需要的是“帝”，而非“皇”，但大臣们的话不无道理，倒是可以采纳一二，于是，秦王决定将“泰”去掉，采用古代“帝”号，立号“皇帝”。

秦王嬴政说完以后，在场的大臣们纷纷叫好、匍匐在地，高呼：“皇帝圣明！”

接下来，秦王又给自己取了一个谥号——“始皇帝”。

自此，秦王嬴政成为中国历史上第一位皇帝，也就是秦始皇。

## 第十八章

# 推行郡县制

秦王朝统一，秦朝疆土扩展、人口骤增好几倍，制定了帝号后，迫在眉睫的就是如何治理国家的问题了。

深夜，秦始皇静坐宫中，天上一轮明月高悬，秦始皇不禁陷入沉思，突然，一颗流星划过，他猛地惊醒，认为这是上天给自己的暗示，是时候商议如何治理国家了。

他叫来随从，火速传诸大臣进宫，诸大臣惶恐，心想，天下已定，秦国没有任何内忧外患，皇帝为何深夜急召？难道有大事发生？

看到神色慌张的大臣们，秦始皇道明自己的意思：“现国家虽然安定，但一切百废待兴，朕不敢懈怠，必须尽早确定国家制度，请大家畅所欲言，商量此事。”

丞相王绾上前一步建议：“陛下，臣认为还是应实行从前的分封制，如今虽然天下统一，但是很多统一的地方路途遥远、不便管理，应该将皇子和功臣们派遣去管理地

方事宜。”

诸大臣纷纷点头赞同，唯有李斯不同意：“臣认为不妥，以前的诸侯国大多是同姓子弟，时间一长，关系逐渐淡漠，最后也如仇敌一般厮杀，民不聊生，现在陛下统一六国，对于那些功臣，可以重赏，但是不能够封地封侯，不给实权，才是控制他们的最好办法。”

这一番话说到秦始皇心坎里了，便下定主意，采纳李斯的建议，决定在全国范围废除分封制，以郡县制作为中央控制地方的制度。

郡，是中央政府以下最高一级地方行政机构。秦始皇统一六国后，国土空前广袤，分天下为三十六郡。

“郡”设郡守、郡尉、监御史等职官，分掌行政、兵事、监察职责。郡守是郡的最高行政长官，对上承受中央命令，对下督责所属各县。设置于少数民族聚居地的同级地方行政机构成为“道”。县级以下有“乡”“里”两级地方基层行政机构。此外，还有负责地方治安并兼管公文传递的“亭”。

县，是郡的下级行政机构。县的长官称县令，由朝廷任命，主要任务是治理民众，管理财政、司法、狱讼和兵役。郡守通过每年的考核和平时的检查，对县令的工作进行考察。

秦朝这套从中央到地方的统治机构，管制有明确的职责分工，既相互配合，又彼此牵制，统治机构的最高统治权掌握在皇帝一人手中，确保了封建地主专制统治。这套金字塔般统治机构的建立，标志着封建专制主义中央集权制度进一步强化。

郡县制与西周分封制相比较，最主要的差别在于形成了中央垂直管理地方的形式。西汉王朝继续推行郡县制。汉初曾分封诸侯王而形成“郡”“国”并存的局面，后逐步消除与中央抗衡的地方割据势力，使“大一统”政体更为巩固。

使君主有效地加强了中央集权，有利于政治安定和经济发展；郡县制从根本上否定了分封制，打破了西周以来分封割据的状况，加强了中央对地方的管理，有利于防止地方割据分裂，有力地维护了国家的统一，为现代行政区划的划分提供了重要的历史参考。

## 第十九章

# 规定统一制度

国家统一后，接下来要实现的就是经济的繁荣、文化的昌盛，长期的封建割据，各地无论是经济、政治、文化等，都需要一套统一的制度。

秦始皇已经确定了皇帝的绝对权威，接下来，在李斯的协助下，实施了一系列政策，目的是实现一个“人同伦、车同轨、书同文”的高度统一的国家，具体的措施有：

第一，“更名民曰为黔首”。

《史记·秦始皇本纪》中有：“分天下以为三十六郡，郡置守、尉、监。更名民曰‘黔首’。”含义与当时常见的民、庶民同。那么，秦始皇为什么要如此为百姓更名呢？为什么不直接用“民”呢？这与秦始皇的治国思想有关。

“民”字为什么刺一目而“盲”。大概在甲骨文时期，“民”还不是专指众民之“民”，这些被盲其一目的“人”，或许是有罪之人，或者是战争胜利品“俘虏”，抑

或是统治贵族阶级的专有奴隶。统治贵族阶级为了驯服这些人为其劳作，而把其一只眼睛刺瞎，防其逃跑。郭沫若在《古代研究的自我批判》中说："民与臣两个字，在古时候本都是眼目的象形文。臣是竖目，民是横目而带刺。古人以目为人体的极重要的表象，每以一目代表全头部，甚至全身。竖目表示俯首听命，人一埋着头，从侧面看去眼睛是竖立的。横目则是抗命忽视，故古称'横目之民'，横目而带刺，盖盲其一目以为奴征，故古训云'民者盲也'。"

在周代金文里，"民"的字义已随着社会的发展逐步引申转借为被统治者统治的"人民、百姓"之意，"民"原来的盲义已失，故此又另造了"盲"字。自古以来，统治者都把"民"视作有眼无珠，蒙昧无知，"民可使由之，不可使知之"的。由于上述的奴隶之义和"亡"的读音，后来又产生了"氓"这个以"民"表意、以"亡"表音的形声字兼会意字，表示由别处逃窜而来的"民"。古代也以"氓"泛指奴隶，也专指那些荒郊野外风餐露宿过着非人生活的生产奴隶。

秦始皇统一六国后，与其他君主推行的"民贵君轻"不同，他实行的是绝对的君主权威，"更名民曰为黔首"就是他的这一思想的绝对体现。

第二，毁兵器与去险阻。

秦始皇一统江山以后，曾经下了这样一道命令：收缴全天下所有的兵器，在咸阳集中予以销毁，铸造钟鐻和十二个大铜人，立于宫廷之中。

这些大铜人究竟有多重呢？据记载，它们每个重达一千石。在秦朝时期，一石约折合现在的37.5公斤，以此计算，一千石大约是37500公斤，也就是37.5吨。

那么，秦始皇为什么要这样做呢？

这是因为天下初定，六国残余势力依然存在。而通过收缴兵器以防止人们反抗，这种做法其实是有先例可寻的。据《左传》记载，春秋时期鲁国的季武子，就曾经“以所得于齐之兵，作林钟，而铭鲁功焉。”意思是说，季武子收集了从齐国得到的兵器，造了一口钟，在上面刻了鲁国的功绩。

所以说，秦始皇之所以融天下兵器铸铜人，主要还是为了防止原六国人们的反抗。因此，汉代文人贾谊在他的历史名篇《过秦论》就说：“收天下兵器，聚之咸阳，以为金人十二，以弱天下之兵。”

第三，统一度量衡。

什么是度量衡？“度”是“尺”，计量长短。“量”是“斗”，计量容积、重量。“衡”是“秤”，称量测量。

度量衡作为人类早期的商业交换尺度，在我国的商周时期（至今三千多年），就其公平、公正的标准和管理制度已比较完备。虽然历代的尺度，衡量单位不统一，但度量衡作为商业经营的基础计算模式，一直沿袭至今。

秦在统一全国前，度量衡方面的情况与货币也差不多，非常混乱。秦已于商鞅变法时就对度量衡的标准作过统一规定。全国统一后，秦政府即以秦国的制度为基础，下令统一度量衡，并把诏书铭刻在官府制作的度量衡器上，发至全国，作为标准器。

标准尺约合今0.23公尺，1标准升约合今0.2公升。统一斗、桶、权、衡、丈、尺等度量衡。要求秦国人必须严格执行，不得违反。

秦始皇用商鞅时制定的度量衡标准器，来统一全国的度量衡。以原秦国的度、量、衡为单位标准，淘汰与此不合的制度。

秦廷在原商鞅颁布的标准器上再加刻诏书铭文，或另行制作相同的标准器刻上铭文，发到全国。与标准器不同的度、量、衡一律禁止使用。

今见秦朝权量，都刻有秦始皇二十六年颁布的统一度量衡的诏书。这种权量出土多，分布广，长城以外也有发现，

可见统一度量衡是认真有效的。

秦始皇还用法律规定了度量衡器误差的允许限度。他规定六尺为步，二百四十步为亩。不过二百四十步为亩的制度实际上只行于旧秦，还有旧赵境内，东方许多地区仍以百步为亩，直到汉武帝时期为止。

第四，“车同轨、书同文”和统一货币。

1.车同轨

春秋战国时期，各地马车的大小不一，车道也有宽有窄，没有一个明确的标准。

秦朝统一后，秦始皇便下令将车辆的轮距一律改为六尺，即我们所说的“车同轨”，这样的车辆在全国范围内就方便通行了。

除此之外，在交通上，也做了相应的改变。原来各诸侯割据势力在各地修筑的关塞堡垒，严重影响了诸侯国之间的往来。秦统一后，秦始皇在下令拆除了阻碍交通的关塞、堡垒的同时，还修筑了以首都咸阳为中心的“驰道”，以及由咸阳直向北延伸、全长约九百千米的直道，以此来防御北方匈奴的侵扰。

这些驰道、直道纵横交错，形成了以咸阳为中心的四通八达的道路网络。

2.书同文

我们知道，在秦统一六国前，各诸侯国都使用自己的文字，这严重阻碍了政令的推行和各地之间文化的交流。

因此在秦统一六国后，秦始皇便下令对各国原来使用的文字进行整理，规定以“秦小篆”为统一书体。

为了推行这一书体，秦始皇还命令李斯、赵高、胡毋敬分别用小篆书体编写了《仓颉篇》《爰历篇》《博学篇》，以作为标准的文字范本在全国范围内推行。

秦始皇下令统一文字，其意义无疑是非常深远的，这不仅是对此前中国古代文字的发展和演变所做的一次总结，也是一次意义深远的大变革，对后世中国文化的持续发展起到了极其重要的作用。

3.统一货币

在币制上面，秦始皇主要通过两种途径来统一货币：

一是由国家统一铸币，严惩私人铸币，将货币的制造权牢牢掌握在国家手中；二是将通行货币统一为两种，即上币黄金和下币铜钱。

同时，改黄金的单位为“镒”，一镒为二十两；改铜钱的单位为“半两”，并明确铸明“半两”二字。

铜钱的造型为圆形方孔，俗称“秦半两”。这种钱币的

形式，对后世的影响非常之大，很多封建王朝的铜钱形式，跟秦半两极为相似。

不过，此处需要注意的是，黄金主要供皇帝赏赐群臣使用，铜钱才是主要的流通货币。原来六国所通行的各种货币，均不得再充当货币使用。

## 第二十章

# 巡视西北

从公元前222年开始，秦始皇开始大幅修筑以国都咸阳为中心，向四面八方延伸出去的驰道，类似现代的高速公路。著名的驰道有九条，有出今高陵通上郡（陕北）的上郡道，过黄河通山西的临晋道，出函谷关通河南、河北、山东的东方道，出今商洛通东南的武关道，出秦岭通四川的栈道，出今陇县通宁夏、甘肃的西方道，出今淳化通九原的直道等。从《汉书·贾山传》中得知，秦驰道在平坦之处，道宽五十步（约今69米），隔三丈（约今7米）栽一棵树，道两旁用金属锥夯筑厚实，路中间为专供皇帝出巡车行的部分。

秦始皇的“轨路”，枕木之间的距离竟然正好和马的步子合拍。马匹一旦拉车到了轨道上，就不由自主地发生“自激振荡”，不能不飞快奔跑，这样就可以达到很快的速度。由于使用轨道，摩擦力大大减小，所以马也可以一次拉很多货物，是一种效率极高的方法。行进中，车子如有需要，可

以随时上铁路，也可以随时由铁路上公路。

秦始皇首创驿站制度，并修驿道。“修驿道，设郡县”。驿站是古代供传递宫府文书和军事情报的人或来往官员途中食宿，换马的场所。

第一次巡视是公元前220年，统一的次年。“始皇巡陇西、北地、出鸡头山，过回中”。这是秦始皇旅游的开始，目的在巩固后方。旅行到宁夏西部、甘肃东部，经甘肃陇西，到达秦人祖先故地天水、礼县，再沿祖先东进线路回辇宝鸡、岐山、凤翔，归咸阳。这条秦人东进线路，历经三十四代帝王，历时六百多年。

那么，秦始皇巡视西北，目的为何呢?

主要是为了宣德扬威、安宇天下的政治目的。

公元前221年（秦始皇二十六年）一统天下后，就急不可待地频繁出巡，以图通过宣德扬威，使六国旧民从精神上对其臣服，以达到安定天下，成就万世之业的政治目的。

当然，也有祭祖拜神的目的。秦始皇每次出巡，队伍都是浩浩荡荡，有着庞大的仪仗车队，以前的诸侯国国军也出行，但最多是9辆车，而秦始皇则扩充到了81辆，秦始皇坐着的那辆车叫“金根车”，车队有青、赤、黄、白、黑五种颜色，这是因为秦始皇相信“阴阳五行”的说法。车队两旁，都是身披铠甲的卫士，车队最前方是一辆蒙着虎皮的虎头车，后面紧随的是手持兵器的虎贲军，压阵的则是一辆插着豹尾的豹尾车。

秦始皇频繁出巡除其政治目的外，也与秦人的文化传统及秦始皇本人的个性特征有关。秦人好慕远行，有其悠久的文化传统。秦国国君多有不辞辛劳，跋涉山川，蒙犯霜露，频繁远行的历史记录，而以秦惠文王、秦武王、秦昭襄王等为甚。及至始皇，有所谓“勤本事”“夙兴夜寐”“朝夕不懈”“视听不怠”，以及“至以衡石量书，日夜有呈，不中呈不休息”的勤政风格，使得秦始皇事必躬亲，到实地去体察民风民情，做政治巡游。故而秦始皇为帝期间频繁出巡，既有其政治目的，也有秦人文化传统和秦始皇本人性格特征的驱使。

公元前209年（秦二世即位初年），就前往东方巡行，从其与赵高的对话和东巡中所表现出的行政节奏，即可以看出这位新帝对秦始皇勤政风格的继承，也可反映出秦人好慕远行的文化传统。

秦始皇第一次西北巡视，与后来的几次巡视相比，时间较短，也并没有遇到什么危险。而第三次巡游中，则差点丧命，公元前210年，秦始皇最后一次巡游，南下云梦（在今湖北），沿长江东至会稽，又沿海北上返山东莱州，在西返咸阳途中于沙丘（今河北邢台附近）病逝。

## 第二十一章

# 泰山封禅

公元前219年，秦始皇第二次巡游，这次主要是巡行东方郡县。这是因为东方是原六国之地，东方郡县是在统一战争中新设立的郡县，秦始皇去巡视一番，正表现出秦始皇的眼光和魄力。巡行的当中，秦始皇有各种各样的活动，包括封禅，祭祀名山大川之类，也有一些当与巩固统一有关。第二次巡游主要就是进行泰山封禅。

封禅是古代统治者祭告天地的一种仪式。所谓“封”，是指筑土坛祭天。所谓“禅”，是指祭地，即在泰山下小山的平地上祭地。

由于是百年不遇的圣典，众大臣也想一睹为快，于是，包括王绾、李斯、赵婴在内的七十名官员跟着秦始皇的队伍沿着渭水南岸向东前进，穿过险峻的函谷关，经过洛阳、荥阳、再北进到峄山。

山，又名“邹峄山”“邹山”“东山”，雄峙于“孔孟

之乡”的山东省济宁市邹城市东南10公里处，104国道及京沪铁路东侧，京福高速公路和京沪高速铁路西侧。山系东南—西北向长近30公里，主峰峄山海拔582.8米。

峄山虽然山不高，但却集泰山之雄、黄山之奇、华山之险于一身，形成了独具一格的自然之秀美，早在秦汉时期就著称于世。

秦始皇登上峄山，为峄山的美景折服，高兴之余，令李斯作了一篇文章刻在石头上，立于峄山峰顶。

碑文内容是：

皇帝立国，维初在昔，嗣世称王。讨伐乱逆，威动四极，武义直方。戎臣奉诏，经时不久，灭六暴强。廿有六年，上荐高号，孝道显明。既献泰成，乃降专惠，亲巡远方。登于绎山[1]，群臣从者，咸思攸长。追念乱世，分土建邦，以开争理。功战日作，流血于野。自泰古始，世无万数，陀及五帝，莫能禁止。廼[2]今皇帝，壹家天下。兵不复起，灾害灭除。黔首康定，利泽长久。群臣诵略，刻此乐石，以箸经纪。皇帝曰：“金石刻尽，始皇帝所为也，今袭号而金石刻辞不称

[1] 绎山即峄山。

[2] 同“乃”。

始皇帝。其于久远也，如后嗣为之者，不称成功盛德。”丞相臣斯、臣去疾、御史夫臣德昧死言：“臣请具刻诏书，金石刻因明白矣。”臣昧死请，制曰：“可”。

大致意思是，过去那些君王只能割据一方称王，而秦始皇率领正义之师统一了天下，过去诸侯割据时连年战乱、民不聊生，而秦的统一消除了这些祸患，让百姓安居乐业，这一切都是秦始皇的功劳，当流芳百世。

石刻上的字很明显是为了歌颂秦始皇的伟大功绩，且坚决反对分裂的态度。接下来，秦始皇让随行的七十位大臣能给封禅大典提出建议，但由于长期不举行这种活动，大臣们都不知道仪式该怎样进行，于是秦始皇把儒生召来询问。儒生们众说纷纭。其中有人建议用蒲草将车轮包裹住，以免破坏了山上的草木，这显然只是上古时代祭祀山神或祭天仪式的缩影，与秦始皇利用封禅展示其“席卷天下，包举宇内”的期望值相差很远。结果只能是秦始皇遂贬退诸儒士而不用，按照自己的想法开辟车道，到泰山顶上立了碑，举行封礼。之后又到附近的梁父山行了禅礼。

秦始皇的封禅大典分两步进行，首先劈山修路，从泰山之阳登上山顶，“立石颂秦始皇帝德，明其得封也。”是为封礼。我们从中可以看出，其一，歌颂秦帝之德而非单纯的功业，承继了西周以来的以德配天说；其二“明其得封也”，向

天下表明秦王朝具有封禅资格并实现了这一旷世大典。

从泰山之顶下山，“禅于梁父，其礼颇采太祝之祀雍天帝所用，而封藏皆秘之，世不得而记也”是为禅礼。亦有两点值得注意，其一，禅礼主要采用秦国在雍祭祀天帝的形式，一方面这是秦始皇斥退儒生后无可奈何的选择，另一方面也是秦始皇自信心乃至自负的体现；其二，所用之礼“皆秘之”，恐见笑于齐鲁儒生，又是其自信心不足乃至自卑的表现。这恐怕也是多年来秦国历代君王因东方鄙视所形成的潜意识的体现。

封禅典礼进行得很顺利，但是在下山的时候却下起了暴雨，秦始皇心想，刚才还是晴空万里，现在却下暴雨，难道是什么不祥之兆？看到脸色骤变的秦始皇，众大臣也是噤若寒蝉，不敢说话。

谁知，人群中有人说，秦始皇没有古代先贤的崇高大德，这是上天在惩罚他呢，这些话后来被传到了秦始皇的耳朵里，有仇必报的秦始皇怎会善罢甘休，自此便埋下了祸端。

典礼结束后，秦始皇又去祭祀了名山大川。

秦始皇此次巡游的另外一个目的就是寻求长生。

后来，秦始皇带领一行人来到海边，但是却并未看到仙人踪迹，秦始皇却并未放弃，又带领车队来到琅琊。是今山东省东南沿海地区的古老地名，历史上曾有琅邪邑（县）、琅琊国、琅琊郡、琅琊道，位于今山东临沂、青岛、诸城、日照一带。

琅玡三面环海，气势恢宏，秦始皇十分喜欢，他将内地的三万百姓迁居于此，并免除了他们十二年的赋税。

秦始皇还在此处建立了一座琅玡台，且在台上立石刻字。

后秦始皇回程，路上经过彭城时，忽然下令在泗水边祭祀，还派人下水摸寻，原来秦始皇曾抢了周朝象征权力的九鼎，但是却少了一只鼎，有人说这只鼎藏于泗水，他便派人打捞。不过，却是什么也没找到。

一无所获的秦始皇难免有些愤懑。一天，巡游回程的路上，一行人来到了湘山脚下，忽然狂风大作，差点把船掀翻了，幸好船工稳住，才让船勉强靠岸，来到湘山后，秦始皇发现有一座古老的宗祠，便好奇地问："此为何处？"

随行的人说："这就是湘山祠，用来供奉湘君的地方。"秦始皇更好奇了，忙问湘君是谁？

"湘指尧的女儿，一个叫娥皇，一个叫女英，后来嫁给舜作妻子，贤良淑德，舜死后，姐妹二人便投水于此，人们为了纪念她们，便修了湘山祠。"

听罢，秦始皇大怒："朕是天下之主，到此处出巡，诸神皆欢迎，倒是这两个女子竟然如此兴风作浪惊扰了朕，传令下去，将山上树木一律砍倒，火烧湘山祠。"

本来风景迤逦的湘山，顷刻间浓烟滚滚，秦始皇扬长而去，回到咸阳。

# 第二十二章

# 遇刺博浪沙

公元前218年春天，秦始皇第三次出巡，原本志得意满的秦始皇没想到此次出巡会遭到刺杀。

刺杀者名张良，谁是张良？

张良，张良出身于战国时期韩国的贵族世家，祖父张开地，连任韩国三朝宰相，父亲张平继任两朝宰相，即张家五世相韩。就如秦国的蒙武父子一样，如果说蒙恬、蒙武是将军世家，那么，张良则为宰相世家。据说他家仅仆人就有三百之多，可见他家势力的强大。故史书上说的“尝学礼淮阳”就不足为奇了。而后张良因韩国灭亡而生家仇国恨，立志刺杀秦始皇：“为韩报仇，以大父、父五世相韩故。”

张良为了刺杀秦始皇，亲人死掉都不埋葬，连家财都不要，“弟死不葬，悉以家财求客刺秦”。张良在刺杀秦始皇这件事上表现了很大的决心。而且他不是一个冲动盲目的人，他虽然下了这么大决心，还是没有决定自己去刺杀，因

为他有自知之明，知道自己的力量弱小，所以寻求刺客，并且进行了充分的准备。

首先，张良找人打造了一个重达一百二十斤的大铁锤，这么重的铁锤若击中秦始皇的车辇，必然能够一击毙命；其次，花重金请到了一位大力士，此人举百斤重物如手拈鸿毛，力大无穷，也只有这样神力的人，才能将重达一百二十斤的大铁锤，投掷至行进中的车辇中；最后，命人四处打探秦王的东巡路线，选择合适的地理位置，合适的时机，以确保刺秦的成功进行。张良把刺秦地址选在了博浪沙（今河南省原阳县东郊），此处的地理位置优越，路面沙丘起伏，秦始皇的车队的速度就会降低，便于伏击。博浪沙的北面是黄河，南面是官渡河，芦苇丛生，便于逃跑。

后来就是《史记》载：“东见仓海君，得力士，为铁椎重百二十斤。秦皇帝东游，良与客狙击秦皇帝博浪沙中，误中副车。”对于张良刺秦，诗人李白曾有诗感慨之：“子房未虎啸，破产不为家。沧海得壮士，椎秦博浪沙。”宋人胡宏也为此赞叹不已：“壮哉博浪沙，一击震天下。”明人陈仁锡更是赞张良此举令“宇宙生色”这种评价，在当时来说，并不过分，应当说是符合史实的。

而博浪沙刺秦发生在公元前218年，也就是说张良为刺

秦准备了至少十年的时间，可见张良的决心。

经过十年的时间，准备自然周密，一切准备妥当后，张良带着力士回到了国内，当张良得知秦始皇要出行的时候，就开始寻找埋伏的地点。最终张良选择了博浪沙（博浪沙在河南省原阳县东郊）。

历史上始皇帝经过了荆轲和高渐离行刺，自然异常小心，所以这次出游秦始皇用了多辆马车来混淆视听。

古代有“天子架六”之说，也就是说皇帝的马车用六匹马拉的，而臣子的马车是“驾四”。秦始皇为了防范有人刺杀，特地准备了多辆副车都是用六匹马拉的，这是张良没有想到的，情急之下他和大力士只挑选了第一辆马车，谁知道，秦始皇坐在第三辆马车里，马车里的秦始皇替身当场身亡，张良落荒而逃。

历史上有记载的刺秦只有三次，荆轲和高渐离都是作了有死无生的打算；唯有张良在行刺失败后成功逃脱，并且逃过秦始皇“大索天下”的追捕。（附：至于力士是否逃脱，没有任何史料记载。）

秦始皇的大队人马经过此事，进行修正后才继续东进，来到了渤海湾。

喜欢大海的秦始皇来到芝罘后，又让李斯在石头上写下两

篇文章刻在山顶上，文字主要内容无非是歌颂秦始皇的功绩，且告诫那些反秦的东方臣民，如要轻举妄动，终会被消灭。

经过博浪沙遇刺后的秦始皇性情恶劣，反复无常，也无心再欣赏风景，于是匆匆赶回咸阳城。

张良虽然此次自杀失败，但他也初露锋芒，首先，张良心思缜密，做足准备。事后，秦始皇大怒，杀了博浪沙方圆百里的百姓，说明秦始皇不知道刺杀的幕后主使，而且博浪沙周围的贵族是魏国贵族和赵国贵族，说明秦始皇也不知道幕后主使到底是哪国人，这也说明张良对自己身份隐藏得相当好。

其次，张良足智多谋，据《史记·秦始皇本纪》记载，张良于博浪沙行刺秦始皇后，秦始皇乃令天下，大索十日。可见秦始皇何其震怒！简直就把张良当成了大秦帝国的头号敌人，要知道是大秦帝国对一个人张良！而此时的张良，根本就不把追缉他的人放在眼里，经常在城中漫游，足见其智慧和胆略异于常人。

最后，张良隐姓埋名，逃亡至下邳时遇黄石公，得《太公兵法》，深明韬略，足智多谋。秦末农民战争中，聚众归刘邦，为其主要“智囊”，此乃后话，不再赘述。

## 第二十三章

# 再遭高渐离刺杀

张良刺杀秦始皇失败后，觊觎他的性命的人并没有就此不复存在，其中就有一个叫高渐离的人为刺杀秦始皇密切准备着。

谁是高渐离呢?

高渐离，战国末期燕国人，荆轲好友，善击筑，送荆轲于易水，后刺秦而死。

高渐离，战国末燕（今河北省定兴县高里村）人，荆轲的好友 ，擅长击筑（古代的一种击弦乐器，颈细肩圆，中空，十三弦），高渐离与荆轲的关系很好。

秦王吞并了天下，立号为皇帝。于是他通缉太子丹和荆轲的门客，门客们都潜逃了。高渐离更名改姓给人家当酒保，隐藏在宋子这个地方做工。时间长了，他觉得很劳累，听到主人家堂上有客人击筑，走来走去舍不得离开。常常张口就说："那筑的声调有好的地方，也有不好的地方。"侍

候的人把高渐离的话告诉主人，说："那个佣人懂得音乐，私下说是道非的。"家主人叫高渐离到堂前击筑，满座宾客都说他击得好，赏给他酒喝。高渐离考虑到长久地隐姓埋名，担惊受怕地躲藏下去没有尽头，便退下堂来，把自己的筑和衣裳从行装匣子里拿出来，改装整容来到堂前，满座宾客大吃一惊，离开座位用平等的礼节接待他，尊为上宾。请他击筑唱歌，宾客们听了，没有不被感动得流着泪而离去的。

宋子城里的人轮流请他去做客，这消息被秦始皇听到。秦始皇召令进见。

"你叫什么名字？"秦始皇问。

"小人燕大。"高渐离故作镇定地说。

"请为朕演奏一曲吧。"

"小人才疏学浅，只会击筑，击得不好，请陛下不要见笑。"

"无妨，先生演奏吧。"秦始皇说。

于是，高渐离开始演奏，他的音乐造诣确实高，不到一会儿，秦始皇就沉浸其中了。

过了会儿，随从附在秦始皇耳边低语了几句，只见秦始皇拍案而起，赶紧说："此人是高渐离，赶紧给朕抓起来。"

原来是有人认出了此人并非燕大，而是荆轲的好友高渐离。赵高走上前来，建议秦始皇立即处决了高渐离，但秦始皇说："先不要杀他，他是个才华横溢的击筑高手，朕还想听听他的演奏呢。"

赵高说："陛下，这样太危险了，简直是养虎为患。"

"那你说怎么办呢？"

"臣想到一条妙计，陛下可以挖去高渐离的双眼，这样，他继续为陛下演奏，就不危险了。"

秦始皇觉得有理，高渐离失明了。他对秦始皇表达了感谢，然后专心研习击筑艺术，但是他并没有忘记深仇大恨，于是，他在筑里藏了一个能杀人性命的铅块，静等时机，再谋杀始皇。

不过，在日常行为上，高渐离总是表现出一副因为失明而多有不便的样子，比如经常撞到柱子上，经常跌倒，或者找不到东西等，这样慢慢地，秦始皇对他放松了警惕。

一天，心情颇佳的秦始皇又找来高渐离，让他为自己演奏，高渐离用心表演，秦始皇凝神倾听，不知不觉走到高渐离身边。

高渐离觉得时机已到，于是，他拿出藏在筑里的铅块，重重地朝秦始皇砸去，秦始皇虽然专注于听音乐，但前几次被刺的经历让他并没有放松警惕，就在铅块朝自己砸来的时候，他闪身躲开，铅块砸到了旁边的侍从身上。

随后，侍卫们纷纷赶来，高渐离被控制，赵高赶紧说：“这次陛下绝不能再饶了他。”就这样，高渐离被处死，“于是，遂诛高渐离，终身不复近诸侯之人”。行刑的时候，他唱起了荆轲的那句：“风萧萧兮易水寒，壮士一去兮不复返……”

# 第二十四章

## 焚书坑儒

秦始皇在政治、经济上实行的改革，并不是一帆风顺的，在统一之初，就在要不要分封诸子为王的问题上发生了一场争论。

以丞相王绾为首的一批官吏，请求秦始皇将诸子分封于占领不久的燕、齐、楚故地为王。认为这样有利于巩固秦的统治。但廷尉李斯则坚持反对态度。认为，春秋战国诸侯之所以纷争，完全是西周分封制造成的恶果，只有废除分封制，才可免除祸乱。

秦始皇采纳了李斯的意见，认为立封国，就是树敌兵，于是在全国确立了郡县制。

八年以后，到始皇三十四年（前213年），在秦始皇于咸阳宫举行的宫廷大宴上，又发生了一场师古还是师今的争论。

这天，为了庆祝北征匈奴、南征百越取得的胜利，秦始

皇在宫中设宴款待群臣，有帝国的元勋、有文臣武将，一派祥和的景象，随后，众臣向秦始皇祝酒，并高呼万岁，秦始皇享受着众星捧月般的感觉。

在宴会上，仆射周青臣，面腴秦始皇，吹捧他自上古不及陛下威德。博士淳于越针对周青臣的腴词提出了恢复分封制的主张。他说："臣闻殷周之王千余岁，封子弟功臣，自为辅枝。今陛下有海内，而子弟为匹夫，卒有田常、六卿之臣，无辅拂，何以相救哉？事不师古而能长久者，非所闻也。今青臣又面腴，以重陛下之过，非忠臣。"秦始皇听后不动声色，把淳于越的建议交给群臣讨论。

丞相李斯明确表示不同意淳于越的观点。他反驳说："三代之争，何可法也，儒生不师今而学古，道古以害今，如不加以禁止，则主势降乎上，党与成乎下。"

这句话的意思是：战国时期，诸侯割据，各国为了富国强兵，广纳人才，现在天下已定，百姓们应该安心生产，而知识分子应该学习法律。但实际上情况呢，知识分子不去学习现在的法律制度，反而琢磨过去的陈旧东西，质疑朝政，干扰百姓们的思想，只要国家出台一项新的政策，他们就评头论足，以此获得虚名，这样的行为如果不禁止，会威胁陛下的权威。

为了“别黑白而定一尊”，树立君权的绝对权威，他向秦始皇提出焚毁古书的三条建议：

（1）除《秦纪》、医药、卜筮、农家经典、诸子和其他历史古籍，一律限期交官府销毁。令下三十日后不交的，处以黥刑并罚苦役四年；

（2）谈论《诗》《书》者处死，以古非今者灭族，官吏见知不举者，与同罪；

（3）有愿习法令者，以吏为师。秦始皇批准了李斯的建议。在宴会散后第二天，就在全国各地点燃了焚书之火。

不到三十天时间，中国秦代以前的古典文献，都化为灰烬。留下来的只有皇家图书馆内的一套藏书。

在焚书的第二年，又发生了坑儒事件。坑儒不是焚书的直接继续，而是由于一些方士、儒生诽谤秦始皇引起的。

这要从秦始皇统一六国后的心态转变开始谈起，在兼并六国、统一天下的过程中，秦始皇无疑是现实主义者，否则，无法实现他的宏图大业。但是当他坐拥江山、屹立于成就前时，他反而变得脱离现实了，开始追求长生不老之术。秦始皇巡游，一面是为了彰显帝王之威，一面就是为了寻求仙丹灵药，甚至为了达成目的，他不惜被方士愚弄。

什么是方士？

方士者，古代自称能访仙炼丹以求长生不老的人。信仰神仙学说，擅长为周天子祭拜鬼神，炼丹长生，也称法术之士。在周朝被赐予同名官职，兼管刑狱。

方士起源于战国时燕、齐一带濒海地区。从战国末年，即齐威宣王时候，这些人便已经有了他们自己的传授系统，《史记》中将他们叫作“方仙道”。同时还提到了其中的几个典型人物，宋无忌、正伯侨、充尚和羡门子高。

方士侯生、卢生等人迎合其需要，答应为秦始皇找到这种药。按照秦律谎言不能兑现，或者所献之药无效验者，要处以死刑。侯生、卢生自知弄不到长生不死药，不但逃之夭夭，而且还说秦始皇天性刚愎自用，专任狱吏，事情无论大小，都由他一人决断，贪于权势等。

秦始皇知道后，感觉自己被愚弄了，盛怒不可抑止，以妖言以乱黔首的罪名，下令进行追查，并亲自圈定四百六十余人活埋于咸阳。这即是所谓的“坑儒”事件。

后来，秦始皇找到了侯生、卢生二人，秦始皇决定亲自审问他们，侯生说：“人之将死其言也善，现在我什么也不怕了。”

“你还有什么可说的呢？”

“古时的大禹曾立‘诽谤之木’。目的就是广开言路，

听听大家的意见，看看自己的不足，而陛下呢，纵情享乐、奢侈成风，你搜刮百姓财物却不自知，更不允许别人说真话，一旦有人说了违逆的话，就急于镇压，所以我们才逃跑。我听说古代贤明的君主只需要吃饱穿暖，有地方住就行了，因为这样上天才会眷顾。五帝中的尧帝，住的就是茅草房，但是他内心舒适，因为他是为人们谋福祉，而不是追求自我享乐，他的儿子丹朱就不同了，他脾气暴戾，骄奢淫逸，自行德行不够，所以没有继承帝位，而如今陛下相对于丹朱来说简直是有过之而无不及，这简直就是自取灭亡啊。”

侯生、卢生这样说，是希望恒横征暴敛的秦始皇能以平常心治天下，但是早已被欲望充斥了双眼的秦始皇哪能听得进去，更别说被人当众批评了，果然，听了这一番话后的秦始皇怒不可遏，立即下令将侯生施行五马分尸之刑。

秦始皇焚书坑儒，意在维护统一的集权政治，进一步排除不同的政治思想和见解，但并未收到预期的效果。这一点和秦始皇采用的其他措施有所不同，是秦始皇、丞相李斯所始料不及的。

纵观春秋战国的始末，秦朝统一是历史文化发展的必然。周围各个诸侯国斗争主要围绕政权割据吞并进行，百家文化渐渐统一，各国军事和行政渐渐被儒家等主流文化所渗

透，导致战争机器的发展被文化束缚。受文化影响，例如孙子兵法战例等，战争被文化和文化所带来的其他变化所改变，从而使战争机器无法达到杀伤力的最大化。这就使得一支能够不受传统影响的军队能够战胜传统的军队，从秦国这架战争机器的发育到扬威，秦始皇很好地利用了这一点。看秦国统一历史，就是一部文化与杀伐博弈的大戏，文化讲求道义，战争讲求杀伤力，最后不仅是新型战略思想的胜利，还是秦始皇立国战略思想的胜利。焚书坑儒仅仅是秦始皇立国思维在治道上的投影，对于嬴政来说，作为旧道的代表，大儒们的作为无疑会给大秦带来危险，他害怕国家和军队的软化。对于这种力量的恐惧，导致嬴政确定了他的一套治国方略，最后反而加速了秦朝的灭亡。

## 第二十五章

# 北击匈奴

秦始皇从统一六国后，他的“动作”就没有停止过，尤其是“焚书坑儒”，更是残暴至极，连他的长子扶苏都反对，他对秦始皇说：“如今天下刚刚太平，边境的黔首（百姓）还未安定，那些儒生们不过是手无缚鸡之力的文弱书生，能掀起什么风浪呢？如果动辄施以重刑，恐怕会引起骚乱。”

秦始皇听后大为不悦地说：“这些人在背后诽谤朕，装神弄鬼欺骗朕，不严惩不足以震慑他们。”

扶苏随后又将自己在外巡查的见闻向秦始皇报告，目的是使秦始皇能够减轻赋税，轻徭役，能让百姓休养生息、安定团结，但没想到秦始皇更怒了，他指着扶苏说：“全天下的人都拿修长城和向边境移民的事来指责朕，但是他们知道北方的黔首们过的是什么日子吗？那里的人民不聊生，天天生活在匈奴人的阴影下，几年积攒的粮食和钱财也经常被匈

奴人洗劫一空，如果朕不讨伐他们，北方根本不得安宁，别人不懂，作为朕的儿子，难道你不懂？”

然后，他继续说道：“我觉得你真应该去大将军蒙恬麾下好好历练一番，去了解一下真正的民间疾苦。你学点军事知识对将来也有好处。”

扶苏应允后离去。

世界上北方边塞的情况秦始皇早已见识过，他第四次出巡的目的就是巡视北方边塞，第四次巡游是在公元前215年，在歇了两年后，秦始皇又开始巡游。这是第一次北巡，同时“使将军蒙恬发兵三十万北击胡，掠取河南地”。秦始皇向北而去。从潼关过黄河去山西，到了河北邯郸，东抵秦皇岛。

出了山海关，到达辽宁绥中海滨，回途内蒙古，经陕西榆林、延安，回咸阳。为了对付强敌匈奴，秦始皇下令三十多万大军历时两年半，修建了全长七百多公里，从咸阳直达内蒙古包头的“高速公路”秦直道，以十万大军去榆林戍边，筑守长城。

匈奴族是居住在中国北方的游牧民族之一，长期以来活动于南达阴山，北至贝加尔湖之间，成为北方一个强大的游牧民族。

战国后期，匈奴已进入奴隶社会。奴隶主贵族利用骑兵行动迅速的优势，经常深入中原，对以农业为主的内地各族进行袭扰和掠夺。当时，秦、赵、燕与匈奴为邻，经常发生战争。由于各国忙于内战，一般对匈奴都采取守势，在北边修长城并派军队戍守。秦统一后，匈奴族对秦的威胁仍然很大。

战国末年，赵国名将李牧出动战车一千三百乘、骑兵一万三千人、步兵五万、弓箭手十万，与匈奴会战，大破匈奴十余万骑，从此匈奴十余年不敢南犯。

这样一个人口众多的民族，势必对刚刚建立的秦王朝具有相当大的威胁力。这种威胁力，对雄心勃勃、意气风发的铁血人物秦始皇以及整个秦帝国而言都是无法避而不见的，要想保持帝国的强大和牢固，就必须对外来的威胁力量进行打击。

中原混乱，秦国忙于统一六国，各国都没有精力对付北边的匈奴人，匈奴人乘机南下，重新占领了北部边郡的许多地方，并以河南地（今内蒙古、河套地区）为据点，直接威胁着秦朝的政治中心咸阳。对匈奴用兵，消除匈奴人的军事威胁，成为了秦朝统一六国后的当务之急。

匈奴人骁勇善战、善于骑射，且机动灵活，这都是秦始

皇了解到的攻打匈奴的难点，所以，在扶苏走后，他召来大臣们商议。

九原郡郡守任嚣向秦始皇介绍匈奴的情况：“匈奴人从小练习骑马射箭，长大成人后，男人都会成为武士，擅长搏斗且十分凶狠，他们以游牧为主，并不种地，一到战争来临，全民拿起武器，所以十分难对付。”

接下来秦始皇问：“现在边防有什么问题吗？”

“问题是如果攻打匈奴，战线会拉得很长，因为游牧民族机动性强，他们能随时集结起来，少则几十人，多则几百人，而且神出鬼没，无法捉摸，令人防不胜防。”

“既然如此，我们也可以集结边境民众，平时耕地，匈奴来犯时就参加战斗。”

“匈奴人所到之处，老弱病残的全部杀光，壮丁则抓去当奴隶，导致了处处荒凉，中原人更不愿意去开荒了，所以人口稀少，后来匈奴人有的定居于此，人数才慢慢增加。”

任嚣说完，秦始皇沉思了一会儿，转头问大将军蒙恬的看法。

蒙恬说：“依臣看，我们可以分两步进行，第一，我们要发动地方官员实行全民皆兵和坚壁清野的策略，防止他们的机动战，人人进行军事训练，人人会打战，到匈奴来犯

时，大家要将财物和粮食藏起来。另外，对于来犯的匈奴，也要根据对方的力量强弱选择退让还是迎敌。这也是从前赵国大将李牧的做法。”

秦始皇听后，大为赞赏。

接下来，蒙恬说了自己的第二个策略：“要彻底解决匈奴人的祸患，还是要集结力量将原来的燕、赵、韩所筑的长城连接起来，防止匈奴骑兵，再将中原人迁移些过来，再者，边防包围也尤为重要，绝不能让匈奴人如此嚣张。”

在认同蒙恬的策略后，秦始皇决定稍后再议，便继续赶路，行至沙漠的一处寨子，顿觉乏累，秦始皇决定在此休息。

谁知道，秦始皇看到前面的寨子里浓烟滚滚，火光四起，隐约还能看见一些匈奴骑兵在寨子里奔驰，随后，虎贲军都尉快马来报，原来寨子里有匈奴骑兵。

虎贲军都尉说：“陛下，此处危险，请速速撤离，稍后我们再召集大军剿灭。”蒙恬和任嚣也是这一意见。但秦始皇认为自己不能当逃兵，于是问：“有什么两全之策吗？”

蒙恬说：“臣愿意率领六千虎贲军进攻敌人，任郡守可带领六千郡卒在此布阵保护陛下。”

任嚣也自告奋勇，最后，秦始皇决定让他们各自带四千骑兵抗击匈奴兵。

虎贲军个个骁勇善战、机智勇猛，双方交战不到两小时，匈奴兵就纷纷撤退。但是撤退的方向并不是一个地方，而是四散逃开，虎贲军想追，也找不到方向了。

匈奴兵走后，虎贲军开始清点兵器，他们发现，边境百姓抵抗匈奴骑兵的竟然是一些锄头、镰刀、木棒等工具，遂将此事告知秦始皇。

秦朝统一后，为了防止叛乱，曾收缴了地方兵器，如此看来，边境地方当另做打算，随后，秦始皇宣布，不能私藏兵器这条法令对他们例外。并决定回咸阳后就派大军讨伐匈奴兵。

结束这次巡视后，秦始皇的车队就返回了咸阳城。

秦始皇三十二年至三十四年（公元前215年—公元前213年），秦始皇遣将军蒙恬率军北击匈奴的一次大规模进攻战。

蒙恬的大军攻占了河南地（今内蒙古境内位于黄河干流以南的河套地区），占据阳山（内蒙古乌加河以北），设九原郡（今内蒙古包头九原区麻池古城）。

战后，秦朝进行了一系列巩固措施，包括对秦、燕、赵三国原筑的长城加以增修，建立起了西起临洮、东至辽东的万里长城，使之成为中原汉民族两千年来抵御北方游牧民族的要塞。

蒙恬北伐匈奴的胜利，不仅有力地制止了匈奴奴隶主贵族对中原的抢掠，而且进一步促进了这一地区的开发。在长期的交往和劳动中，不少匈奴人南迁中原，逐渐同秦人及其他各族人民共同居住和生产，促进了民族的大融合。北击匈奴，夺回河套地区，并使该地区永远成为中国的版图。“东至海暨朝鲜，西至临洮、羌中，南至北向户（北回归线以南），北据为塞，并阴山至辽东。”

此外，在北方击退匈奴的同时，公元前219年与公元前214年，秦始皇还前后两次发动了对百越的战争，修筑了灵渠，对岭南地区进行了开发，将该地区首次纳入了中国的版图。

而在西南地区，秦始皇开通往了西南的五尺道，大致自今四川宜宾至云南曲靖一线，控制了当地的部族国家，将政治势力伸入了云贵高原。

## 第二十六章

# 修筑长城

秦始皇统一后，对秦国最大的威胁是北方的匈奴，为了解决这个威胁，秦始皇虽曾亲率军队北伐匈奴，但是却不能解除匈奴对秦朝的威胁，为了保护北方边界的百姓和中原的安全，他遂下令修筑万里长城，以抵御外敌。

秦始皇修建长城不只是为了抵御外敌，还有一个原因是为了防止分裂复辟，便要加强中央和地方之间的交通和联系，因此需修建道路，加上当时因常年战争，农业的设备均受到破坏，因此要大力修复河道，加快农业生产的恢复。

而因为修建长城也给百姓加强了徭役之苦和苛令之责，为了加快长城的修建便要投入很多劳力，因此连家中的妇孺也被迫参与长城修建，这样导致众百姓在这样的劳役中丧失生命，而且对他们的苛责十分严厉，使用“连坐”之役刑，百姓一时之间叫苦连天。

据史学家们考证，长城并不是秦始皇开创的，秦始皇

是在秦、赵、燕三国北边原有的长城的基础上修建而形成，只是将现有的三处长城相连，将它们连贯为一，成为抵御之墙，也进一步减少了防御的士兵。

秦始皇修建的长城西起甘肃省岷县，北至临洮县，再经定西县南境东北至宁夏。秦始皇在修建长城的过程战国时期各诸侯为割据所建的长城全部拆除，而虽在秦统一之前各分裂国有过长城的建筑，但长度均不大，只有秦始皇修建的长城达万里，故有“万里长城”之名。

据记载，秦始皇使用了近百万劳动力修筑长城，占当时全国总人口的二十分之一。当时没有任何机械，全部劳动都由人力完成，工作环境又是崇山峻岭、峭壁深壑，十分艰难。长城始建于春秋战国时期，历史达两千多年，今天所指的万里长城多指明代修建的长城。

在固阳县秦长城红石板沟段有一处豁口，相传就是当年孟姜女千里寻夫不见，哭倒长城的地点，成为秦长城的一大历史遗迹。故事内容大致是：

相传秦朝时，秦始皇建长城时，劳役繁重，青年范喜良和女子孟姜女刚新婚三天，范喜良就被迫出发修筑长城，不久因为饥寒劳累而死，尸骨被埋在长城墙下。孟姜女身穿寒衣，历尽了千辛万苦才终于来到了长城边，得到的却是丈夫

死亡的噩耗。孟姜女在长城上哭了三天三夜，忽然长城就此坍塌，露出了范喜良的尸骸，孟姜女安葬范喜良后于绝望之中投海而亡。

此传说是否可信，尚有待于专家学者的研究考证。

因为另有一说是，历史上孟姜女哭倒的并不是秦长城，而是山东的齐长城。其根据是“杞梁妻哭夫”的史实。它始见于《左传·襄公二十年》（公元前550年），齐庄公发兵攻打莒国，齐军先锋杞梁在与莒国交战时战死，齐庄公班师回国路上，在莒城郊外遇到杞梁的妻子，向她吊唁，杞梁妻得知丈夫已战死，悲痛交加，拒绝接受在郊外吊唁，齐庄公便到杞梁家中设祭吊唁。《孟子·告子下》又记载淳于髡的话：“杞梁之妻善哭其夫而变国俗。”后人便把“哭夫”的史事改为孟姜女哭长城的原型。

唐代《雕玉集》的《感应篇》记载了杞梁妻哭倒长城的完整故事：新婚之夜，秦兵将杞梁抓走，杞梁修长城而亡，葬于长城下。杞妻孟仲姿缝好寒衣送到筑长城处，得知丈夫早已去世，葬在长城下。她悲痛万分，向城号哭，一时城崩倒塌露出白骨，孟仲姿刺手指将自己的血滴在白骨上说：“若是杞梁的骨，血就流入。”血果然流入白骨，仲姿将丈夫的尸骨葬于燕山长城下。敦煌曲子《捣练子》就写道：

“孟姜女，杞梁妻，一去燕山更不归。”但《左传》所记杞梁是交战而死，比秦始皇筑长城早三百多年，当时秦长城尚未建造。

秦长城是我们中华民族的瑰宝，也是世界建筑上的奇迹，更是我们中华民族辉煌的历史，灿烂文化的象征，如今虽然被历史的风雨剥蚀成了断垣残基，但仍以苍苍莽莽的气势，威武雄浑的壮阔，浓缩成了一种厚实的文化积淀，以永恒的苍凉和悲壮，永远留在华夏文明的史册里。

## 第二十七章

# 南抚百越

秦始皇派蒙恬北击匈奴后，北方暂时获得了安定，但是南方又传来动乱的消息。秦始皇派老将王翦灭楚后，乘胜追击征服了南越等地，又令副将屠睢率领三十万大军继续南下，南方的东瓯和闽越也被秦征服，两地合并，闽中郡自此设立。

但是此次，南越的人发动的叛乱是突然袭击，秦王朝丝毫没有做准备，很多秦朝士兵被乱军杀死，就连屠睢也未能幸免，主将一死，军心涣散，军队只好退到五岭一带，将军们经过浴血奋战，才将百越平定下来。

百越，是指古代中国南方沿海一带古越族人分布的地区。据《汉书·地理志》记载，百越的分布“自交趾至会稽七八千里，百越杂处，各有种姓”。也就是从今江苏南部沿着东南沿海的上海、浙江、福建、广东、海南、广西及越南北部这一长达七八千里的半月圈内，是古越族人最集中的分

布地区；局部零散分布还包括湖南、江西及安徽等地。

“百越”之称谓源于先秦古籍对南方沿海一带古越部族的泛称，又称古越族或越族等，因这些古越部族众多，故谓之为“百越”。百越有很多分支，包括吴越、扬越、东瓯、闽越、南越、西瓯、骆越等众多越族支系。《吕氏春秋》统称这些越族诸部为“百越”，其他文献上也有“百粤”“诸越”等称谓。“越”或写作“粤”，因古代“越”与“粤”相通，到近代才较为区别。汉朝之后其地改为郡县，此后“百越”这名称不见于史载，“越族”之名也是罕见的。

先秦古籍对南方的众多部族，常统称为“越”，实际上这些"越"并不是单一民族，而是南方众多部族的统称。《过秦论》“南取百越之地”，《采草药》“诸越则桃李冬实”。在先秦古籍中，对南方沿海地区的土著民族，常统称为“越”。如吕思勉先生所指出，“自江以南则曰越”。在此广大区域内，实际上存在众多部族，各有种姓，故不同地区的土著又各有异名，或称“吴越”“闽越”“扬越”“南越”“西瓯”“骆越”等。这些部族在先秦时期曾存在过璀璨的高度文明。近年来的考古研究实证表明，百越也是中华文明的发源地之一。

百越地区属热带，气候炎热潮湿，虽然暂时平定下来

了，但是还有很大的隐患，秦始皇认为很有必要派一位得力干将，去管理地方事务。那么，派谁合适呢？

此人必须要能适应南越气候，又要能吃苦耐劳，更要能应付南越的复杂情况，而此时的王翦、王贲父子已死，蒙恬也在镇守边疆、修筑长城，思来想去，他想到了任嚣。此人从小就在南方长大，熟悉南方习俗，且曾随王翦灭楚，一度打到南方边境，熟悉南越地形，而现在的任嚣任九原郡郡守，在击败匈奴的过程中也立下汗马功劳。

想到这里，秦始皇立即写诏书一封，差人送往九原郡，在接到诏书后，任嚣马不停蹄赶到咸阳，面见秦始皇。

秦始皇先与任嚣谈论南疆情况，然后问任嚣："我认为你是去南疆的最佳人选，不知道你有何打算？"

"臣有八字诀，还请陛下多多指教。"

"哪八字？"

"怀柔、优遇、教养、同化。"

"何为怀柔？"秦始皇疑惑地问。

"怀柔就是非武力镇压，地方军队不可扰民，官员不可欺压百姓。重用贤能，且发现贪污腐化的现象要严惩。"

秦始皇若有所思，又问："何为优遇？"

"就是消灭当地的恶势力，培养当地的人才做官吏，特

殊的人才可以推荐到朝廷做官。”

“那教养、同化又是什么呢？”

“我们可以从朝廷派遣专门的人去当地，教他们学习中原文字、文化、记忆等，但也要保留和尊重当地文化，让中原文化和当地文化互相融合。”

“我明白了，爱卿的意思是将百越人变成中原人。”

“陛下所言极是，但真正要同化，让中原地区安定下来，最好的方法是通婚。”任嚣建议。

“地方风俗不同，中原人愿意娶百越女子为妻，百越女子也未必愿意嫁到中原。”

“这需要一个过程，一旦两地的人互相接触和融合后，就容易多了，陛下还可以指定一些政策鼓励和奖励通婚。”

“爱卿认为可以制定什么样的政策呢？”秦始皇更好奇了。

“陛下可以选拔大量当地的人才来中原做官，也可以从中原挑选合适的男子参军到百越去，当地年轻男子减少了，中原又过去很多男子，通婚自然就形成了。”

“这件事朕就全权交给你，你需要补充些什么吗？”

“此次臣去百越，路途遥远、交通闭塞，如果遇到意外状况，臣需要见机行事，还请陛下给臣这个权力。”

“爱卿放心，理应如此，另外，朕认为我们既然使用怀柔政策，就不能给你大将军这样的头衔了，就给你一个南海尉吧，到时候再设置均线，由你全权负责治理。”秦始皇说。

“谢谢陛下。”

“爱卿此次前去需要多少兵马？”

“不需要任何兵马，只需要带一个家丁就行了。”

秦始皇吃惊地问：“卫士们？”

“既然使用怀柔政策，目的就是安抚民心，不可带大队士兵前往，臣独自前去，更能取得他们的信任。”

“爱卿说的极是，朕相信以你的才干，一定能将南越的事圆满解决。”

很快，任嚣到任，且用了怀柔政策，不到两年时间，百越地区就平定了。

## 第二十八章

# 开凿灵渠

公元前221年，秦始皇统一六国以后，为了完成统一中国大业，接着向岭南地区发动了战争。“使尉屠睢将楼船之士南攻百越”。用了五十万攻无不克的精锐部队，兵分五路，向百越之地推进。其中向现在江西余干县前进的一路军队，势如破竹，一举攻占了东瓯、闽越（今福建）地区，并设置了闽中郡。而向广西进攻的一路秦军，则遇到了部族首领的顽强抵抗，迫使秦军“三年不解甲弛弩”（《淮南子·人间训》），战争打得很不顺利。究其原因，这与秦军不适应山地作战，不服南方水土，病员较多，有一定关系。但更重要的一点是和岭南地区山路崎岖，运输线太长，粮食接济不上有关。

如何将中原的粮草运用到百越地区呢？秦始皇将这一难题交给了史禄，从中原地区到百越，要经过大庾岭、骑田岭、都庞岭、萌诸岭、越城岭等，而要翻越这一座座崇山峻

岭，也是难于登天的事。

史禄对有史以来秦国修建的水渠进行了一番研究，又做了精心的规划和是实地勘测，最后决定在珠江水系和长江水系的关键地方修一条水渠，这就是灵渠。

在史禄的主持下，经过秦军与被征发的劳动人民的艰苦劳动，几经寒暑，灵渠开凿成功。至此，从湘江用船运来的粮饷，可以通过灵渠，进入漓江，源源不断地运至前线，保证前方的需要。至秦始皇三十三年，秦军终于全部攻下了岭南，设置了桂林、南海、象郡，并派兵戍守。至此，秦始皇完成了统一全国的伟大事业，而灵渠则为完成这一伟大事业作出了重要的贡献。

灵渠水系由北南两渠组成。北渠俗称湘江新道，全由人工开凿而成，大致与湘江故道略成平行，渠槽在田畴间，其水位高过湘江故道，湘江水在分水塘经铧嘴分流和大小天坪坝引流后，约七分水流入北渠，在高塘村与湘江故道相会，全长3.25公里，最大引流量为12立方米每秒。

南渠自南陡口起，过严关，流至溶江镇老街的灵河口入漓江，全长约33.15公里，南渠引湘江水约三分，最大引流量为6立方米每秒。灵渠自越城峤至溶江镇的灵河口一段约29公里，主要的自然河流有4条。

一为越城峤以南的始安水，源出越城峤与点灯山之间的山谷，流程2.5公里至铁炉陡附近汇入灵渠；一为源出台板石之石龙江（又称清水河），北流10公里后再折向西流至灵山庙入灵渠；一为源出唐公背山之马尿河，北流13公里折西至严关零西村入灵渠；一为源出三青岩，经梅村垌至乐施堂，再西至青石陡入灵渠，长15公里。

灵渠建成于秦始皇三十三年（公元前214年）。它与都江堰、郑国渠并称为秦代三大水利工程。它不仅是我国，而且也是世界最古老的运河之一。

灵渠连凿通，沟通了湘江、漓江，打通了南北水上通道，为秦王朝统一岭南提供了重要的保证，大批粮草经水路运往岭南，有了充足的物资供应。公元前214年，即灵渠凿成通航的当年，秦兵就攻克岭南，随即设立桂林、象郡、南海3郡，将岭南正式纳入秦王朝的版图。

灵渠连接了长江和珠江两大水系，构成了遍布华东华南的水运网。自秦以来，对巩固国家的统一，加强南北政治、经济、文化的交流，密切各族人民的往来，都起到了积极作用。灵渠虽经历代修整，但仍发挥着重要作用。

## 第二十九章

## 大建宫殿

秦始皇自从统一六国后，大兴土木，除了修长城、北攻匈奴、南平百越外，他还打起了修宫殿的主意，因为宫殿不仅仅是帝王休息娱乐的场所，更是帝王身份地位的象征。

那么，如何修建宫殿呢？

《史记·秦始皇本纪》载："始皇以为咸阳人多，先王之宫廷小。吾闻：周文王都丰，武王都镐。丰、镐之间，帝王之都也。乃营作朝宫上林苑中。"

秦始皇召来丞相李斯，对李斯说："如今天下已定，咸阳城人口急剧增多，街道拥挤，天下本是朕所有，但是朕居住的咸阳城却如此寒酸，实在有失朕的威严，丞相可有什么好主意呢？"

"回陛下，咸阳城处，渭水穿南，嵕山亘北，山水俱阳，实乃风水宝地，我认为不必迁都。"

"既然不迁都，那只能改造咸阳城，建造新皇宫了。爱

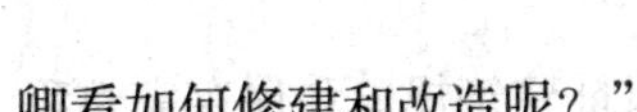

卿看如何修建和改造呢？”

“臣认为新皇宫可以选择阿房，再从阿房宫修筑道路，经过渭水，直达咸阳宫，再将咸阳宫与周围新建的宫殿群连成一体。”

秦始皇遂下令，立即修建阿房宫。

阿房宫东西长五百步，南北宽五十丈，宫中可以容纳一万人，下面可以树立五丈高的大旗。四周架有天桥可供驰走，从宫殿之下一直通到南山。在南山的顶峰修建门阙作为标志。又修造天桥，从阿房跨过渭水，与咸阳连接起来，以象征天上的北极星、阁道星跨过银河抵达营室星。阿房宫建成之前还没有名字，计划等竣工之后，再选择一个好名字给它命名。因为是在阿房修筑此宫，所以人们就称它为阿房宫。

受过宫刑、徒刑的七十多万人，分别被派去修建阿房宫和营建骊山。从北山开采来山石，从蜀地、荆地运来木料。关中总共建造宫殿三百座，关外建四百座。于是在东海边的朐（qú）山上竖立大石，作为秦朝国境的东门。为此迁徙三万家到骊邑，五万家到云阳，都免除十年的赋税和徭役。

秦阿房宫不仅是秦代建筑中最宏伟壮丽的宫殿群，中国古代宫殿建筑的代表作，更记载着中华民族由分散走向统一的历史，承载着华夏文明的辉煌记忆 。1992年联合国教科

文组织实地考察，确认秦阿房宫遗址建筑规模和保存完整程度在世界古建筑中名列第一，属世界奇迹和著名遗址之一，被誉为“天下第一宫”。

同时，某种意义上说，劳民伤财的阿房宫也是秦灭亡的一个象征物。

杜牧影响深远的《阿房宫赋》在最后指出：“呜呼！灭六国者六国也，非秦也；族秦者秦也，非天下也。……秦人不暇自哀，而后人哀之；后人哀之而不鉴之，亦使后人而复哀后人也。”作于唐敬宗宝历元年的这篇文章，其实是对当朝的一种影射，杜牧在《上知己文章启》中写明：“宝历大起宫室，广声色，故作《阿房宫赋》”。阿房宫的象征意义由此定型。

与阿房宫同时修筑的，还有秦始皇的骊山墓。

骊山，位于陕西省西安市临潼区城南，是秦岭山脉的一个支脉，海拔1302米，由东西绣岭组成，是秦岭晚期上升形成的突兀在渭河裂陷带内的一个孤立的地垒式断块山，山势逶迤，树木葱茏，远望宛如一匹苍黛色的骏马而得名。

骊山陵墓也就是秦始皇陵，位于陕西省西安市以东约40公里的秦陵村（骊山国家森林公园位于西安市以东约35公里），它南依骊山的层峦叠嶂之中，山林葱郁；北临逶迤曲转、似银蛇横卧的渭水之滨。陵园总面积为56.25平方公里。墓葬区在南，寝殿和偏殿建筑群在北。秦始皇陵的冢高55.05米，周长2000米。

那么，秦始皇为何选择骊山修墓呢?

这是出于现实和心理的双重需要，古人常选择地势较高、环境优美的地方来设置陵寝，特别是帝王陵。秦始皇执政于都城咸阳，但陵园却选在远离咸阳的骊山之阿。之所以这样做，据北魏时期的郦道元解释："秦始皇大兴厚葬，营建冢圹于骊戎之山，一名蓝田，其阴多金，其阳多美玉，始皇贪其美名，因而葬焉。"

不过也有人认为，秦始皇陵选在骊山的原因一是取决于当时的礼制；二是受"依山造陵"传统观念的影响。

秦始皇先祖及宣太后的陵园葬在临潼县以西的芷阳一带，秦始皇陵园选在芷阳以东的骊山之阿是当时的礼制所决定的，因为古代帝王陵墓往往按照生前居住时的尊卑、上下排列。《礼记》《尔雅》等书记载："南向、北向、西方为上"。"西南隅谓这奥，尊长之处也"。东汉《论衡》一书记载得更为明确："夫西方，长者之地，尊者之位也，尊者在西，卑幼在东……夫墓，死人所藏；田，人所饮食；宅，人所居处，三者于人，去凶宜等。"即在芷阳的宣太后也希

望其陵墓能葬在她丈夫与儿子之间，即“西望吾夫，东望吾子”，似乎亦是按尊长在西、卑幼居东的原则。秦始皇先祖已确知葬在芷阳的有秦昭襄王、秦庄襄王和秦宣太后。既然先祖墓均葬在临潼县以西，作为晚辈的秦始皇只能埋在芷阳以东了。作壁上观若将陵墓定在芷阳以西，显然有悖于传统礼制，所以秦始皇陵园选在骊山脚下完全符合晚辈居东的礼制。

另有学者研究认为，秦始皇帝陵选址骊山北麓，脱离其祖父和父亲陵园而另辟新园的做法，是其一墓独尊思想的反映。嬴政完成统一大业后自认为“德兼三皇，功过五帝”，因而将自己的陵墓独立出来，以显示其地位的特殊与尊贵。此外，从堪舆学上讲，秦始皇帝陵南有骊山，北有渭河，是“背倚山峰，面临平原”的“山冲”之地，恰恰处于骊山北坡大水沟与风王沟之间的开阔地带，位当渭河南岸三级阶地与骊山山地之间的台塬上，不但地势较东西为高，而且受东西两侧水流的拱卫，是一处极为理想的墓地。

骊山的设计者为丞相李斯，少府令章邯监工。共征集了七十二万人力，动用修陵人数最多时近于八十万。秦始皇陵工程之浩大、用工人数之多、持续时间之久都是前所未有的。

陵园工程的修建伴随着秦始皇一生的政治生涯。当他

十三岁刚刚登上王位时的秦王政元年（公元前246年），陵园营建工程就随之开始了。古代帝王生前造陵并非秦始皇的首创，早在战国时期诸侯国王生前造陵已蔚然成风。如赵肃侯“十五年起寿陵”，还有平山县中山国王的陵墓也是生前营造的。但秦始皇把国君生前造陵的时间提前到即位初期，这是秦始皇的一点改进。陵园工程修造了三十九年，一直至秦始皇临死之际尚未竣工，二世皇帝胡亥继位，接着又修建了一年多才基本完工。

纵观陵园工程，前后可分为三个施工阶段。

初期阶段：自秦王即位开始到统一全国的二十六年，这一阶段先后展开了陵园工程的设计和主体工程的施工，初步奠定了陵园工程的规模和基本格局。

中期阶段：从统一全国到秦始皇三十五年，历时九年，为陵园工程的大规模修建时期。最多七十二万囚徒大规模的修建，基本完成了陵园的主体工程。

最后阶段：自秦始皇三十五年（公元前212年）到秦二世二年（公元前208年）冬，历时三年多，这一阶段主要是陵园的收尾工程与覆土任务。在这一阶段爆发了陈胜、吴广起义，打到了距陵园不足数华里的戏水附近（今临潼区新丰镇附近），秦帝国危在旦夕时。此时已擢升少府令的章邯

建议："盗已至，众疆，今发近县不及矣，骊山徒多，请赦之，授兵以击之。"二世当即准奏，命章邯率领修陵大军回击起义军，尚未完全竣工的陵园工程不得不草草完工。

秦始皇陵建于秦王政元年（公元前246年）至秦二世二年（公元前208年），历时三十八年，是中国历史上第一座规模庞大，设计完善的帝王陵寝。有内外两重夯土城垣，象征着帝都咸阳的皇城和宫城。陵冢位于内城南部，呈覆斗形，现高五十一米，底边周长一千七百余米。据史料记载，秦陵中还建有各式宫殿，陈列着许多奇异珍宝。秦陵四周分布着大量形制不同、内涵各异的陪葬坑和墓葬，已探明的有四百多个，其中包括"世界第八大奇迹"中的兵马俑坑。秦始皇陵是世界上规模最大、结构最奇特、内涵最丰富的帝王陵墓之一。充分表现了两千多年前中国古代汉族劳动人民的艺术才能，是中华民族的骄傲和宝贵财富。

## 第三十章

# 最后出巡

公元前214年，秦始皇第五次巡游，这距离他上一次出巡已有四年时间，这几年他将精力花在了所谓的稳固政权上，比如修建阿房宫、骊山陵、焚书坑儒，为此需要强征青壮年、劳民伤财去大兴土木，弄得怨声载道。同时，他自身身体素质每况愈下，感觉大限将至。公元前211年，有人告诉他天上落下来一块陨石，且有人在上面刻了“始皇帝死而地分”，很明显，这是有人诅咒他和他的秦王朝，秦始皇勃然大怒，派人立即追查，但杳无音讯，为此，他竟然下令将陨石降落地的所有百姓杀光，陨石也被焚毁。

然而，秦始皇依然闷闷不乐，身体更是大不如前，这年秋天，有使者从关东到咸阳，突然有人持着一根玉簪拦住前行的使者，告诉他有人预言：“今年祖龙死。”使者想抓住此人问为何要这样说，可是此人已经消失不见，使者拿着此人给的玉簪来面见秦始皇，秦始皇一看，这不是他第二次出巡时不慎掉入江中的玉簪吗，为何在此处？秦始皇认为，那名持玉簪的人一定是遇到了鬼神，作为祖龙应该是指的自己，这更加让他不安了。

后来，秦始皇找来术士，术士为他算了一卦，结果是："灾星不利，只有搬家或者远游，才能避免灾祸。"搬家是不现实的了，看来只有出游。在此之前，秦始皇下令将咸阳城内的三万居民迁到北方的北河、榆中郡居住。

公元前211年，秦始皇决定出巡，这是他最后一次出巡，这次出巡的目的地是东南方，因为术士说："东南有天子气。"秦始皇内心十分不安，因为在灭楚的战争中，战争难度最大，消耗最多，楚国地势险要，最后不得不动用了六十万大军才灭了楚国，且民间经常传说："楚虽三户，亡秦必楚。"现在又有人说："东南有天子气。"他不去巡游，怎能任由这股天子气蔓延？

与秦始皇一同随行的还有左丞相李斯、上卿蒙毅、胡亥。当时正是冬天，秦始皇的车队气势磅礴，但还是掩盖不了一股萧瑟之气。

一个月以后，秦始皇到了第一站——洞庭湖，站在洞庭湖畔，秦始皇遥望着九嶷山，祭拜埋葬于此的舜帝，然后沿着长江一路东下，直达东南沿海。途中，又有方士告知：

"金陵有王者之势。"秦始皇立即将金陵改为秣陵，又下令找来一批苦役凿断北山，以绝王者之气。

随后，秦始皇以秣陵为出发点再向东，来到朱方（现在的江苏省丹徒镇），方士说此处也有天子气，秦始皇一听气急败坏，便让苦役凿断这里的南坑，且此处被更名为丹徒了，意思是囚徒之乡，以灭王者之气。

接下来是丹阳、嘉兴，再到钱塘江，但是突遇狂风暴雨，在秦始皇看来，这不是个好兆头，但无奈也只能离开，随即沿江西行一百二十里，到了一个叫狭中的渡口，风浪才得以平息。秦始皇将此处命名为余杭县，并将其他地方的人迁至此处定居。

秦始皇又听说剡山（今浙江省嵊县北）有王者气，赶紧命人凿断了剡山。这样，他们的内心才稍稍平静下来，随后继续前行。

在剡山东南两百里处，老态龙钟的秦始皇登上了会稽山，并祭拜大禹，还和前几次出巡一样，秦始皇命令李斯写下文章，命人刻在碑石上：

皇帝休烈，平壹宇内，德[1]惠攸长。卅有七年，亲巡天

---

[1] 古同"德"。

下，周览远方。遂登会稽，宣省习俗，黔首齐庄。群臣诵功，本原事迹，追道高明。秦圣临国，始定刑名，显陈旧章。初平法式，审别职任，以立恒常。六王专倍，贪戾慠猛，率众自强。暴虐恣行，负力而骄，数动甲兵。阴通间使，以事合从，行为辟方。内饰诈谋，外来侵边，遂起祸殃。义威诛之，殄熄暴悖，乱贼灭亡。圣德广密，六合之中，被泽无疆。皇帝并宇，兼听万事，远近毕清。运理群物，考验事实，各载其名。贵贱并通，善否陈前，靡有隐情。饰省宣义，有子而嫁，倍死不贞。防隔内外，禁止淫佚，男女絜诚。夫为寄豭，杀之无罪，男秉义程。妻为逃嫁，子不得母，咸化廉清。大治濯俗，天下承风，蒙被休经。皆遵轨度，和安敦勉，莫不顺令。黔首修絜，人乐同则，嘉保泰平。后敬奉法，常治无极，舆舟不倾。从臣诵烈，请刻此石，光陲休铭。

很明显，此次写的文章不仅有秦始皇的丰功伟绩，还有一些正如男尊女卑、男女有别以及贞操方面的内容，禁止男女犯奸淫，有妇之夫淫人妻，杀死奸夫不算罪等。

从会稽山上下来后，秦始皇一行人准备去齐鲁等地，在经过钱塘江时，百姓听说皇帝经过于此，纷纷前来驻足观看，想一睹始皇帝风采，在这些人群中，就有后来叱咤风云的两人——项梁与项羽。项梁，楚国贵族后代，楚国名将项燕之子，西楚霸王项羽的叔父。项燕为秦国名将王翦所杀，父亲死后，项梁一心想着为父报仇。而项羽更是有远大理想的青年。《项羽本纪》中有记载：“项籍少时，学书不成，去，学剑，又不成，项梁怒之。籍曰：‘书足以记名姓而已。剑一人敌，不足学，学万人敌。’”于是项梁乃教籍兵法，籍大喜，略知其意，又不肯竟学。项梁尝有栎阳逮，乃请蕲狱掾曹咎书抵栎阳狱掾司马欣，以故事得已。项梁杀人，与籍避仇于吴中，吴中贤士大夫皆出项梁下。每吴中有大徭役及丧，项梁常为主办，阴以兵法部勒宾客及子弟，以是知其能。秦始皇帝游会稽，渡浙江，梁与籍俱观。籍曰：“彼可取而代也。”梁掩其口，曰：“毋妄言，族矣！”梁以此奇籍。籍长八尺余，力能扛鼎，才气过人，虽吴中子弟，皆已惮籍矣。”

意思是：项籍小的时候曾学习写字识字，没有学成就放弃了；又学习剑术，也没有学成。项梁很生气。项籍却说：“写字，能够用来记姓名就行了；剑术，也只能对付一个人，不值得学。我要学习能敌得过万人的本事。”于是项梁就教项籍兵法，项籍非常高兴，可是刚刚懂得了一点儿兵法的大意，又不肯学到结束。项梁曾经因罪案受牵连，被栎阳县逮捕入狱，他就请蕲县狱掾曹咎写了说情信给栎阳狱掾司马欣，事情才得以了结。后来项梁又杀了人，为了躲避仇人，他和项籍一起逃到吴中郡。吴中郡有才能的士大夫，本事都比不上项梁。每当吴中郡有大规模的徭役或大的丧葬事宜时，项梁经常做主

事人，并暗中用兵法部署组织宾客和青年，借此来了解他们的才能。秦始皇游览会稽郡渡浙江时，项梁和项籍一块儿去观看。项籍说："那个家伙的皇位可以拿过来替他坐！"项梁急忙捂住他的嘴，说："不要胡说，要满门抄斩的！"但项梁却因此而感到项籍很不一般。项籍身高八尺有余，力大能举鼎，才气超过常人，即使是吴中当地的年轻人也都很惧怕他了。

渡过钱塘江，秦始皇一行人又沿着东海北上，路过徐州沛县时，又有人称："此处有天子气"。于是，为了去除天子气，他在此建了一座"厌气台"，秦始皇根本没想到，自己的这一举动后来为那些反秦人士利用，他们认为，既然有天子气，此处必当有真龙天子。沛县丰邑有个泗水亭长刘邦，此人原是酒色之徒，但狡猾多谋，便是利用了这一点，经常用所谓的"天子气"来抬高自己，而他的妻子吕氏也经常说刘邦头上有"云气"，但有术士如此说时，他们担心秦始皇会降罪于自己，所以赶紧逃到附近的山里躲起来了。

一行人又继续前进，走了很久，到了琅玡。此时的秦始皇体质虚弱，加上舟车劳顿，已经无力游山玩水了，他急需要找到让自己长生不死的丹药。

他差人叫来了方士徐福，问长生不老药的事情进展如何，实际上，这十年间，徐福多次乘船在海上寻找，散尽钱财，但却一无所获，但他不敢直接这样告诉秦始皇，于是只

好撒谎，说自己遇到了仙人，而不死药就在蓬莱山上，但需要三千童男童女作为礼物，还需要一些贵重的贡品，如此，仙人才肯将灵药让出。

徐福还说，每次他去海上的时候，都会遭到大鲸鱼的攻击，无法前行去蓬莱山，需要陛下派遣一批神箭手随行，才能保证安全。

此时病急乱投医的秦始皇哪里顾得上徐福所说的话是真是假，只管答应他的要求。

就这样，徐福带着一行人和捕鱼的工具出海了，船队沿着琅玡海岸前一路向北，绕过山东半岛的东端，来到成山，但是期间根本没有遇到大鲸鱼，船队继续行驶，到达芝罘，终于见到一条大鱼并射死。

后来，秦始皇再次令徐福出海去蓬莱山，随之前行的还有大量金银珠宝和三千童男童女。

然而，秦始皇没有想到的是，徐福这次出海就再也没有回来，有传说徐福为了逃避秦始皇的责难，逃到了日本，日本也流传着徐福的传说，在日本还有徐福登陆地、徐福庙，还有祭祀徐福的活动。

秦始皇这次出行身心俱疲，于是，在没有等到徐福的情况下，他决定返回咸阳。

## 第三十一章

## 沙丘政变

秦始皇在第五次出巡中因为自身体质虚弱，又奔波劳累，加上为了躲避灾祸、找寻不死丹药，终于病倒了。

虽然他一生都在寻求着所谓的长生不老的秘方，但根本不存在这样的秘方，他也无法抗拒生命的终结，随着病势一天天加重，秦始皇深知自己的大限已到，当务之急是交代后事，尤其是立储之事。

长子扶苏是秦始皇心中的不二人选，虽然他与秦始皇屡屡政见不合，但为人“刚毅而武勇，信人而奋士”，再加上大将蒙恬的辅佐，无疑会是一位贤能的君王。再者，按照惯例，长子嫡孙继承大统乃是理所当然。虽然他更喜欢小儿子胡亥，但是胡亥横征暴敛、胡作非为，并不适合当国君。

当下始皇不再犹豫，召来兼管着皇帝符玺和发布命令诸事的赵高，让他代拟一道诏书给长子扶苏。扶苏此时正在上郡（今陕西榆林东南）监军，始皇命他将军事托付给蒙恬，

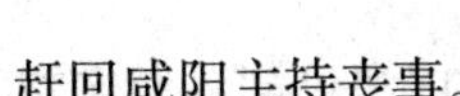

赶回咸阳主持丧事。

这个赵高是什么人呢?

赵高是一名宦官起家，秦始皇听说他为人勤奋，又精通法律，便提拔他为中车府令掌皇帝车舆，还让他教自己的少子胡亥判案断狱。由于赵高善于察言观色、逢迎献媚，因而很快就博得了公子胡亥的赏识和信任。

秦始皇让赵高拟定的诏书在好后，秦始皇命令赵高立即派使者发出，然而，赵高阳奉阴违，表面答应，但根本没有遵秦始皇谕旨，他与扶苏向来不和。一旦扶苏继位，他的地位不保，而幼子胡亥昏庸无知，若胡亥继任帝位后，容易控制。因此暗中扣压了遗诏。

七月丙寅，秦始皇驾崩于沙丘平台（今河北广宗西北太平台），一代帝王就此陨落，秦始皇驾崩时只有五十岁。

丞相李斯鉴于皇上死于宫外而太子又未确立，害怕天下人知道真相后大乱起来，也担心秦始皇的诸多儿子纷纷起来争夺皇位，于是封锁了消息，将棺材置于辒辌车（古代可以卧的车，有窗户，闭之则温，开之则凉，后也用作丧车）内，队伍所经之处，进献食物、百官奏事一切如故。因此当时除了随行的胡亥、赵高和五六名宠幸之臣知晓始皇已逝外，其余的人均被蒙在鼓里。

一天傍晚，车队停下住宿。赵高觉得时机已到，便带着扣压的遗诏来见胡亥，劝他取而代之：“而今大权全掌握在你我和丞相手中，希望公子早作打算。”胡亥早就梦想能够登上皇帝的宝座，只是碍于忠孝仁义而不敢轻举妄动。

听赵高一番贴心之语，但仍还有些犹豫，叹息道：“父皇病逝的消息还没有诏示天下，怎么好就去麻烦丞相呢？”

赵高胸有成竹地说：“公子不必再瞻前顾后，机不可失，时不再来。这事没有丞相的支持不行，臣愿替公子去与丞相谋划。”胡亥立即答应了。

李斯是秦朝开国元老之一，他跟随始皇多年，协助始皇统一天下，无论是治理国家，还是平定边疆叛乱，都屡建奇功，且为人谨慎，在朝中颇受人尊重。赵高心想，只要争取到李斯的支持，大事可成。

为此，他颇费了一番心计。赵高了解到李斯虽现在坐拥富贵荣华，但出身平民，过怕了穷困潦倒的生活，也时刻担忧自己的前途，一旦站错队，前程尽毁。于是，他决定从李斯这个性格弱点发动进攻。

赵高径直找到李斯，有恃无恐地对他坦言：“现皇上驾崩一事，外人无从知道，给大公子扶苏的诏书及符玺也在我那里，定谁为太子，全在丞相与高一句话，丞相看着办吧！”

李斯大惊，听出了他想篡诏改立的意图。当下断然拒绝，义正词严地说：“如此大逆不道的话，你怎么说得出口！李斯本来出身低微，幸得陛下隆恩，才有今日的显贵。皇上现今将天下存亡安危托付给你我，怎么能够辜负他呢！”

赵高见正面游说无效，便一转话锋，问道：“丞相，依你之见，在才能、功绩、谋略、取信天下以及扶苏的信任程度这几方面，你与蒙恬将军谁强呢？”

李斯沉默半晌，黯然地说：“不及也。”

赵高进一步试探：“丞相是个聪明人，其中的利弊得失不必我多说，想必丞相自已能看清，大公子一旦即位，丞相之职必定落入蒙恬之手，到时候，还有你的立足之地吗？胡亥公子慈仁敦厚，实乃立嗣的最佳人选，希望丞相再仔细考虑考虑。”

此情此景下，李斯内心焦躁不宜，两种思想在自己的头脑中做着激烈的斗争，他终于向赵高妥协，赵高知计已成，欣喜若狂，马上与李斯合谋，假托始皇之命，立胡亥为太子；又另外炮制一份诏书送往上郡，以“不忠不孝”的罪名赐扶苏与蒙恬自裁。

扶苏接到诏书后，如晴天霹雳，他完全不相信这样的结果，呆愣一会儿回到帐中欲拔剑自刎，被大将蒙恬看到，蒙

恬一直是钦佩公子扶苏的品行为人，且与他相交甚好，对这份意外的诏书产生了怀疑，劝阻道："陛下而今出巡在外，又没有立定太子，诸公子必定都虎视眈眈，暗含窥伺之心。他委任你我监军守边，足见信任之深。今天忽然派使者送来赐死命令，怎知不是有诈？不如提出恳请，弄清楚再死不迟。"

蒙恬不知道的是，前来送诏书的使者早就被赵高买通，他一直在催促，扶苏虽然早已看出赵高的假诏书。但是，仍然认为这是秦始皇其父本意。说道："陛下当年令我监军，已是无立我为太子之心也。今胡亥既定为太子，年最幼，陛下必恐诸公子不服，尤其是我。你我领三十万大军，守边御贼，其势足以谋反，虽陛下神威天降，却也不得不防。陛下赐我以死，正为此也。我一日不死，陛下一日不得心安。"言罢挥剑自杀。

扶苏已死，但蒙恬不肯不明不白地就死，使者便将他囚禁在阳周（今陕西子长县北），兵权移交给副将王离，又安排李斯的亲信为护军，这才回去复命。

胡亥听说扶苏已死，对蒙恬的杀心也消除了，而此时正好遇上蒙毅替始皇祭祀名山大川归来，赵高本对他积怨已久，同时也担心日后蒙氏重新掌握大权，于是对胡亥进谗言："先帝本来早就想选贤立太子，就是因为蒙毅屡次

阻止才没有实行。这样蛊惑君心的人，不如杀之，永绝后患。”胡亥信以为真，就派人把蒙毅拘留在代地（今河北蔚县东北）。

一步步扫清障碍后，赵高建议胡亥赶快回去继承皇位。

但摆在眼前第一步要做的就是将秦始皇的尸体运回咸阳，当时正是夏天，气候炎热，尸体已经开始腐烂，散发出阵阵恶臭，为掩盖气味，赵高便命人买来大批鲍鱼将臭味盖住， 一行人浩浩荡荡回到了咸阳，这才发丧，公告天下，不久举行了空前隆重的葬礼。

太子胡亥称帝，是为秦二世。赵高官封郎中令，是胡亥最亲信的人。秦二世胡亥奢靡腐化、残酷至极、胡作非为，为了反抗暴秦的统治，公元前209年，也就是秦始皇去世的第二年，农民领袖陈胜、吴广起义，这是中国历史上第一次大规模的平民起义，揭开了秦末农民起义的序幕。公元前206年，刘邦率大军入关，至此，秦王朝灭亡。

## 秦始皇生平大事年表

公元前259年 嬴政出生于赵国都城邯郸。

公元前247年 秦庄襄王死，嬴政即秦国王位。

公元前246年 秦攻占上党郡全部，派蒙骜平定晋阳，重建太原郡。开郑国渠。

公元前245年 秦攻取魏国的卷。

公元前244年 秦将蒙骜攻取韩十三城。

公元前242年 秦将蒙骜攻取魏酸枣等二十城，建立东郡。

公元前241年 秦攻取魏国朝歌。

公元前240年 秦攻取赵国的龙、孤、庆都。秦攻取魏国的汲。秦将蒙骜死。

公元前239年 秦封嫪毐为长信侯。

公元前238年 秦王政于蕲年宫加冠亲政，平定嫪毐叛乱。秦将杨端和攻取魏国的首垣、蒲、衍氏。

公元前237年 秦免除吕不韦的相国职务。

公元前236年 王翦、杨端和等人攻赵，取阏与等九城。

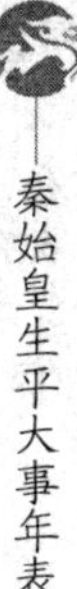


公元前235年 秦发四郡兵助魏攻楚。吕不韦死。

公元前234年 秦攻取赵国的平阳、武城，杀赵将扈辄，斩首十万。

公元前233年 赵将李牧大败秦军。韩非入秦，旋即受谗被迫自杀。

公元前232年 秦军分二路大举攻赵，再次被赵将李牧所败。

公元前231年 韩向秦献南阳地，秦派内史腾为南阳假守。魏向秦献丽邑。

公元前230年 秦内史腾攻韩，俘韩王韩安，建立颍川郡华阳太后卒。民大饥。

公元前229年 秦将王翦、杨瑞和率大军攻赵都邯郸，李牧率赵军抵拒。秦用离间计陷害李牧，赵起用赵葱、颜聚代李牧为将。

公元前228年 秦军大破赵军，俘虏赵王迁。赵公子嘉出奔代，自立为代王。秦王政生母赵太后卒。

公元前227年 燕太子丹派荆轲刺秦王，未能成功。秦将王翦、辛胜攻燕、代，在易水西岸击败燕、代联军。

公元前226年 秦军攻克燕国都城蓟，燕王喜迁至辽东。秦将王贲伐楚，取十余城。

公元前225年 秦将王贲水灌魏都大梁城，魏王假降，魏亡。秦设右北平郡、渔阳郡、辽西郡。秦将李信年蒙武攻楚，被楚将项燕打败。

公元前224年 秦将王翦、蒙武率六十万大军大破楚军，楚将项燕兵败被迫自杀。秦设上谷郡，广阳郡。

公元前223年 秦军攻入楚都寿春城，俘虏楚王负刍，楚亡。秦设置楚郡。

公元前222年 秦将王贲攻取燕辽东、俘虏燕王喜，燕亡。秦将王贲攻取代，俘虏代王嘉，赵亡。秦平定楚国江南地区，设置会稽郡。

公元前221年 秦将王贲攻齐，俘虏齐王建，齐亡。秦至此完成统一山东六国大业。秦王政上皇帝称号，号“始皇帝”。

公元前220年 巡陇西、北地二郡，出鸡头山。治驰道。赐民爵一级。

公元前219年 修灵渠。造阿房宫，为太极庙。出巡东南郡县，泰山封禅。

公元前218 年 出巡东游，在博浪沙险遇刺客。

公元前216年 使黔首自实田。于咸阳与武士四人微行，在兰池遇盗，下令关中大索二十日。

公元前215年 秦始皇出巡北部边地之碣石，刻石于碣石门。使燕人卢生求羡门、高誓，使韩终、侯公、石生求仙人不死之药。坏城郭，决通堤防。派将军蒙恬发兵三十万北击匈奴，掠取河南地。

公元前213年 谪治狱不直者筑长城及南方越地。下《焚书令》。

公元前212年 修直道。坑杀儒生四百六十人于咸阳。

公元前211年 东郡有陨石落地，黔首刻石曰："始皇帝死而天下分。"朝廷使者从关东回咸阳，夜间在华阴平舒道，有人持壁遮拦使者，说："今年祖龙死。"迁民三万户于北河、榆中，拜爵一级。

公元前210年 第五次出巡。归途中，至平原津患病。七月丙寅日，秦始皇病死于沙丘平台。

# 参考文献

[1]苏红.秦始皇[M].北京：团结出版社，2012.

[2]曹金洪.秦始皇传[M].北京：团结出版社，2016.

[3]张大可，王明信.千古一帝：秦始皇传[M].北京：商务印书馆，2018.

[4]水木年华.千古一帝：秦始皇[M].郑州：郑州大学出版社，2018.